PICCOLA BIBLIOTECA ADELPHI
740

Georges Simenon

IL MEDITERRANEO IN BARCA

TRADUZIONE DI GIUSEPPE GIRIMONTI GRECO
E MARIA LAURA VANORIO

CON UNA NOTA DI MATTEO CODIGNOLA

ADELPHI EDIZIONI

TITOLO ORIGINALE:
Mare nostrum ou La Méditerranée en goélette

Le fotografie alle pp. 20, 29, 39, 52, 61, 69-73, 76, 83, 107, 115, 120, 131, 133, 135, 143, 162, 171, 178 sono di Georges Simenon.

Gli album di Georges Simenon sono stati digitalizzati dalla Cineteca di Bologna, che qui ringraziamo per la preziosa collaborazione.

In copertina: Carta Nautica Didattica 5D dal Canale di Piombino al Promontorio Argentario e Scoglio Africa (particolare).

Per gentile concessione dell'Istituto Idrografico della Marina.

WWW.ADELPHI.IT

ISBN 978-88-459-3393-6

Anno				Edizione						
2024	2023	2022	2021	6	7	8	9	10	11	12

INDICE

IL MEDITERRANEO IN BARCA

1

Porquerolles, 23 maggio 1934 Il Mediterraneo è... Il Mediterraneo è... Il Mediterraneo...
Resto così, con la penna a mezz'aria, in seria difficoltà, come quando da bambino, in piedi davanti alla lavagna, spostavo il peso da una gamba all'altra e intanto cercavo con la coda dell'occhio un compagno compassionevole.
Il Mediterraneo è...
Eppure una definizione vorrei riuscire a darla; o perlomeno vorrei delimitare sin d'ora il campo delle mie osservazioni, con la stessa facilità con cui ho tracciato sulla carta nautica una linea spezzata che va da Marsiglia a Messina fino al Pireo, da Smirne a Beirut fino a Porto Said, da Malta alla Sardegna fino a Tunisi, Tangeri, Barcellona.
Il Mediterraneo è...
Ad esempio, in un quadro di Raoul Dufy, il Mediterraneo è una distesa d'acqua di un azzurro color liscivia, con tante piccole onde, un pullulare confuso di vele bianche e, a volte, la scia grigia di un piroscafo.
Per la maggior parte delle persone, il mare è questo: bagnanti in costume sulla spiaggia, giocatori nei casinò, pescatori nei porti, uo-

mini in berretto bianco sugli yacht, e in lontananza, sulla linea dell'orizzonte, una nave che passa.
Per costoro il Mediterraneo è un mare vastissimo, dai contorni imprecisi, dove compare qualche vago punto di riferimento: Tolone e la sua flotta, Nizza e la sua giostra, Napoli e il suo vulcano, il Pireo con il Partenone; forse, da qualche parte, la Corsica e, sul lato opposto, gli arabi, i cammelli e la sabbia.
Ma il Mediterraneo non è niente di tutto questo. Il Mediterraneo è...

Tanto per cominciare, è piccolissimo. Non a caso viene definito *bacino*, ma faremmo meglio a chiamarlo córso.
Ed è un córso, ve lo garantisco, che assomiglia più di quanto possiate immaginare alla strada principale di una città di provincia. Quando ci si incrocia, ci si saluta. Diciamo buongiorno a Pierre e a Emma, ad Akrim bey o a Pepito.
Un altro esempio: voi forse pensate che ci siano migliaia di imbarcazioni.
E invece a Porquerolles, dove mi trovo oggi, qualsiasi ragazzino sarebbe in grado di dirvi, nel veder passare le vele quadre di una goletta:
« È una nave italiana che va a prendere un carico di ferraglia a Tolone ».
E, osservandola più da vicino, preciserà:

«Dev'essere il *Toscana*, di Livorno».
Questo non perché sia un mago, ma perché le golette italiane non sono tanto numerose e, quando vengono in Francia, lo fanno per portare il marmo e ripartire con la ferraglia.
La ferraglia viene caricata a Tolone, dove si trova il cantiere di demolizione delle grandi navi.
Vedrete che è proprio come incontrarsi sul córso principale di una piccola città. Due anni fa ho attraversato questo stesso mare a bordo dell'*Angkor*, un vecchio piroscafo che stava tirando le cuoia. Al bar troneggiava una meravigliosa lanterna giapponese su cui avevo messo gli occhi.
Da ieri è mia! Ho infatti ritrovato il mio vecchio *Angkor* nel cantiere di demolizione, già mezzo svuotato delle sue viscere, e ho comprato la lanterna. Ho comprato anche la scrivania del comandante e la porta del quadrato ufficiali. Volendo, avrei potuto aggiudicarmi pure la ciminiera!
Se avvistate una grande goletta in ottimo stato che, con il suo possente motore d'appoggio, sta facendo rotta per Marsiglia o Nizza, non potete avere dubbi, se si è tra febbraio e luglio. Buttate là con aria da intenditore:
«Arance!».
Sarà di sicuro una barca di Palma di Maiorca o di Valencia che trasporta tre o quattrocento tonnellate d'arance.

E quando vedrete...
Un uomo nato sulle sponde del Mediterraneo, che sia originario di Cassis o del Pireo, di Algeri o di Porto Said, non dice: «Guarda che bello yacht sta passando». Dice: «Quello è Zographos a bordo del *Ryon*, a Cannes è finita la stagione»; oppure: «Ecco l'ex kedivè che va a Istanbul»; o ancora: «È arrivato il duca di Connaught».
Questo perché le imbarcazioni non sono poi così tante. E nemmeno i porti. Quando, qualche settimana fa, ho deciso di prendere in affitto una barca a vela per una crociera di sei mesi, in un sol giorno ho fatto la conoscenza di tutte le barche ormeggiate fra Marsiglia e Mentone.
Tutte le barche, del resto, senza eccezioni, possono essere affittate o acquistate, compresa quella di Zographos.
Andare per mare è anche un modo per avvicinare le celebrità internazionali. Ve l'ho detto: è come passeggiare lungo il córso. C'è il sedici metri del giovane divo del cinema e il dieci metri del grande tenore, il modesto panfilo di un direttore di giornale e i due racer del magnate di una casa farmaceutica, lo yacht del banchiere americano e il ketch di un aristocratico inglese, il due alberi di un ministro egiziano e quello di un finanziere greco.
«Fate le Baleari?».

«No, quest'anno giriamo le isole greche».
Sono dietro l'angolo! Una volta attraversato il corridoio che separa l'Italia dalla Sicilia, svoltate a sinistra e ci siete!
«Chissà, magari incontrate mio cognato, che sta tornando da Smirne».
Sicuramente! Nel Mediterraneo ci si incontra sempre, che sia nella famosa taverna di Atene dove si mangiano i gamberetti arrosto, nel quartiere delle prostitute di Porto Said o negli ombrosi suk di Tunisi.
Le barche, nell'incrociarsi, si fanno dei gran gesti di saluto.
«Buongiorno!» dice il primo, dando fiato alla sirena.
«*Goodbye!*» risponde l'altro.
E il commissario di bordo spiega ai passeggeri:
«È un inglese che va in Australia!».
Il che significa che non è un vero uomo del Mediterraneo. Si limita a passare, senza neanche fermarsi!
Le persone che contano davvero sono quelle che vanno avanti e indietro, come i tram. Basta un'occhiata per capire chi c'è a bordo.
A luglio, per esempio, nei fumoir, ci si imbatte in tutti i grossi commercianti di Pera, che non si prendono neanche più la briga di guardare Atene o Napoli quando la nave ci passa davanti. Giocano a poker, puntata minima una piastra. Vanno a Vichy.

«Abramovič non c'è?».
«No, partirà la settimana prossima, con il *Théophile Gautier*».
«È vero che suo fratello, il mercante di tappeti di Parigi, è fallito?».
«Sì, bancarotta fraudolenta!».
Al Pireo salgono a bordo altre persone, altri mercanti, anche loro ebrei, cognati o cugini dei precedenti.
«Vichy?».
«No, quest'anno vogliamo provare Aix-les-Bains».
Nel frattempo, sulle navi che fanno scalo a Porto Said si imbarcano gli egiziani, attratti da Deauville e Paris-Plage. Parlano di cotone, di grano e di liberalismo.
Sulla terrazza del fumoir gli ufficiali delle truppe d'Oriente giocano a belote, mentre le mogli tengono d'occhio i bambini.
Anche loro si conoscono tutti.
«È sempre quel grassone di Coso, a controllare la piazza di Beirut?».
«Avete saputo che la moglie l'ha piantato?».
C'è anche la diva dei night-club che, reduce dalla sua tournée ad Atene, Istanbul, Beirut e Porto Said, si è imbarcata in terza classe. È un'ungherese, naturalmente. Non solo ha preso un biglietto di terza, ma ha pagato soltanto fino a Smirne.
Il che non le impedirà di arrivare a Marsiglia.

Dopo tre giorni di viaggio, non è più in terza, ma in seconda. A Napoli eccola sistemata, chissà come mai, in una cabina di prima.
«Avete conosciuto Lola?».
«Quella che gestiva un cabaret a Malta?».
«Ha sposato un armeno, e insieme hanno aperto un locale a Tunisi. Adesso si fa passare per francese».
«Ma se era russa!».
«No, albanese!».

Il sorvegliante della quarta classe, il *cafedji*, parla quindici o venti lingue e dialetti, e conosce tutti.
«Sono andati bene, gli esami?» chiede a una studentessa ebrea di Tel Aviv.
Infatti, ci sono dei ragazzi che dalla Palestina vanno a studiare in Francia e viaggiano sul ponte, con gli emigranti, mangiando fagioli e ceci nella gavetta.
«E a te, non ti hanno voluto, in Grecia?».
«Hanno detto che il mio passaporto non era in regola».
Sì, perché esistono persone che vengono fatte rimbalzare da una frontiera all'altra come palline da ping-pong. Non si sa di preciso quale sia la loro nazionalità. Eppure non sono loro a essere cambiati, ma i loro paesi! Ci sono greci che sono diventati turchi senza saperlo, e turchi che sono diventati greci.

Viaggiano con pacchi ingombranti, materassi, pentolame, un canarino in gabbia e nidiate di marmocchi.

Il Mediterraneo è...
È tutto quel che ho detto finora e tante altre cose.
Sono le uova in conserva che dalla Turchia vanno in Spagna e i granchi che dall'Italia vanno in Russia.
Sono i mercanti ebrei, armeni e greci che hanno bottega un po' ovunque, a Barcellona, a Tangeri, a Messina, a Corinto, ad Alessandria.
Sono tutte le imbarcazioni malandate che pullulano al largo delle coste greche, con i loro equipaggi sordidi ed eroici.
Sono le torpediniere che l'Italia vende a tutti i suoi vicini dell'Est e che vengono consegnate in serie, come salsicce.
Sono le isolette dalle pareti scoscese su cui cresce una vegetazione inaridita dal sole ma che diffonde nell'aria un profumo d'incenso.
Sono i turisti sballottati da un monumento all'altro, a cui tutti vendono souvenir, birra tiepida e cartoline.
È la gente che muore di fame alle pendici del Partenone e gli imbecilli che si suicidano a Montecarlo.
Ma il Mediterraneo è soprattutto...

Spesso, di notte, esco a pescare. L'acqua è così limpida che la luna rischiara perfino le alghe che si trovano a dieci metri di profondità.

Ecco! Uno spettacolo che i primi tempi, tanti anni fa, mi dava alla testa, come quando si beve un alcolico troppo forte o come quando si corre all'impazzata da una giostra all'altra nel brulicare di un luna park.

Perché il Mediterraneo non è soltanto l'acqua trasparente e pulita delle spiagge.

È anche...

È anche migliaia, milioni di pesci stravaganti, rossi e verdi, gialli e blu, picchiettati, a righe, zebrati, iridati, sempre in agguato, pesci che strisciano sui fondali come serpenti, che schizzano via come frecce, oppure se ne stanno immobili come buoi all'ingrasso, ma il cui solo scopo, la cui sola ragione di vita è divorare gli altri pesci.

Una volta, in una nassa, ho trovato un'aragosta che si era mangiata un polpo, ma che aveva pure perso una zampa. Un'altra volta, nella pancia di un grongo, ho trovato una mezza dozzina di pesci il cui volume totale era pari al suo.

I gabbiani segnalano il passaggio di un banco di sardine, e le sardine annunciano i banchi di tonni che seguono la flottiglia dei pescatori.

Il Mediterraneo è anche questo...

Ed è pure...

La mia goletta è arrivata ieri dall'isola d'Elba. È un solido veliero italiano che finora ha trasportato soltanto marmo di Carrara. Il mio capitano è biondo e non ha neanche trent'anni. I quattro marinai dell'equipaggio hanno ridipinto la barca dalla punta dell'albero maestro fino alla chiglia per presentarla al «Signore».

Partiamo domani. Non ci sono neppure le cabine, per cui dobbiamo usare delle amache, che abbiamo sistemato nella stiva o fra le sartie.

Tra ventiquattr'ore, o tra quindici giorni, saremo a Genova: dipende dal vento.

Sì, perché il Mediterraneo è anche il vento! Quante cose rischiamo di dimenticare quando tentiamo di dare una definizione! Vento dell'Est, mistral o scirocco, significano porti devastati, raccolti distrutti, intere popolazioni floride o ridotte in rovina!

Dai giornali apprendo che a Parigi ci si preoccupa dei congressi di partito, di unità o mancanza di unità, oltre che di un delitto commesso dal figlio di non so più quale procuratore.

Qui, invece, ci preoccupiamo di sapere quale vento soffierà domani, e i miei uomini, sotto un sole che già picchia duro, fanno rotolare dei grossi barili d'acqua dolce che l'argano consegna a bordo cigolando.

Sulla piazza di Porquerolles la gente gioca a bocce, e il grande evento di cui tutti parlano

è che da ieri in paese è arrivata la birra alla spina. Improvvisamente si vedono pance gonfie dappertutto.
Ecco, il Mediterraneo è anche questo!
Questo e tante altre cose che cercherò di raccontarvi, un po' alla volta, così come verranno, a seconda dei venti e delle correnti, e della direzione che la mia barca prenderà.
Una rivista «per intellettuali» di recente mi ha inviato un questionario:
«La cultura latina è in declino? Che fare per salvarla?».
Non saprei proprio, ma qui, sotto questo sole, a bordo di questa barca che i miei uomini non smettono di lucidare, mentre uno di loro tiene la fiocina puntata contro un grosso polpo che ondeggia sotto il pelo dell'acqua, la domanda non mi turba poi tanto, e fatico a immaginare i giocatori di bocce isolani che si spremono le meningi per rispondere.

2

È passato un anno esatto. Ero appena sbarcato a Odessa a bordo di un piccolo piroscafo italiano, e il capo della GPU marittima, sebbene i miei documenti fossero in regola, non osava farmi mettere piede sulla terraferma prima di aver ricevuto istruzioni da Mosca. Raramente in vita mia mi sono tanto arrabbiato. È stato il primo contatto che ho avuto con la Russia. Dalla nave su cui ero prigioniero potevo vedere alcune belle ragazze che, con indosso soltanto un vestito di tela leggera, scaricavano le imbarcazioni vicine e che, allo scadere delle loro otto ore di lavoro, se ne andavano poco più in là, si toglievano quell'unico indumento e si tuffavano nell'acqua della baia. Un puro caso. Lì non erano al riparo dagli sguardi, tranne che dai miei. Avevano scelto un posto, per i loro bagni, e lo avevano scelto una volta per tutte; il nostro posto, invece, era quello riservato agli uomini.

Mosca ci mise tre giorni per dare una risposta e in quei tre giorni io non feci altro che andare su e giù per il ponte, assordato dallo stridio

delle gru e dei vagoni sui binari, dai fischi e dal frastuono dei motori.
La città non era neanche a duecento metri da lì. La sera potevo scorgerne le luci, udirne il brusio. E soprattutto mi vedevo passare davanti gli ufficiali della nave e i marinai tutti in ghingheri, profumati, lo sguardo malizioso, e con misteriosi pacchetti in tasca. E io, mio malgrado, avevo l'aria afflitta di un bambino a cui fosse stato negato il dolce, costretto a guardare gli altri che mangiano. Il capitano non poteva fare a meno di sorridere:
«Vedrà che non la faranno scendere e che alla fine le toccherà tornare indietro insieme a noi!».
Per consolarmi il maître mi serviva dei manicaretti, e una sera in cui ero particolarmente abbacchiato mi suggerì:
«Perché non va a trovare il capo macchine?».
Un po' più tardi mi fu presentato: un uomo di cinquant'anni, alto e robusto, dal viso camuso e il petto villoso, che sarebbe stato perfetto, in un film, nei panni del bruto.
«E lei a terra non scende mai?» gli chiesi, in tono aggressivo.
«No, mai! Le andrebbe di venire a bere un bicchierino da me?».
Mi portò nella parte più profonda della nave, vicino alla sala macchine, in una cabina che sembrava in tutto e per tutto la camera di una ragazzetta, da quanto era piena di cuscini di

seta, fotografie e immagini sgargianti attaccate alle pareti, e ninnoli sulle mensole.
« Le piace qui? Adesso metto su un po' di musica. Lulù, cedi il posto al signore... ».
Lulù era un cagnolino bianco dal pelo riccio che troneggiava sopra un cuscino, accanto a una bambolina. Intanto l'ottimo capo macchine riempiva due bicchierini di un liquore dolciastro e mi spiegava che lo faceva con le sue mani.
« I liquori che si trovano nei negozi sono così forti! ».
Poi prese ad armeggiare con i pulsanti di un apparecchio radio che aveva fabbricato lui stesso. Dopo un po' trovò la stazione che cercava e si mise ad ascoltare, beato, la musica della *Carmen* che riempiva la cabina.
« Mi sembra che cantino in russo » osservai.
« Sì, in russo ».
« Mosca? ».
« No! È la rappresentazione di questa sera, all'Opera di Odessa. In questo momento il capitano e il primo ufficiale sono là, a teatro... ».
Lo disse come se fosse una battuta divertente.
Attraverso l'oblò potevamo scorgere la corona di luce che, a meno di trecento metri dalla nave, incorniciava il teatro.
« Vede? Non c'è alcun bisogno di scomodarsi! In trent'anni di navigazione, non ho mai messo piede a terra... ».
Ed era rigorosamente vero, come venni a sa-

pere l'indomani. Da trent'anni quell'uomo solcava il Mediterraneo e il Mar Nero, facendo scalo in porti dai nomi allettanti come Istanbul, Porto Said, il Pireo, Napoli, Valencia, Malta e Smirne, e tutto quel che conosceva di queste città era la nafta, più o meno cara, più o meno difficile da portare a bordo. Quando finalmente si degnava di sbarcare, lo faceva a Genova, il suo rifugio, dove, in compagnia di Lulù, correva subito nella casa che si era costruito il più lontano possibile dal porto, in una gola fra le montagne dalla quale il mare neanche si vedeva.
Perché vi racconto questa storia? Non ne ho idea. Forse perché credo di essere destinato a contrarre a poco a poco le stesse manie di quel brav'uomo. Quattro giorni fa ero proprio a Genova, e in città ci sarò stato non più di due o tre ore. Ieri ero a Portoferraio, sull'isola d'Elba, a mezzo chilometro dalla casa di Napoleone. Ogni cinque minuti un calessino tirato da un mulo si fermava a pochi metri dalla mia barca.
«Casa di Napoleone?» mi gridava il vetturino in tono invitante.
Non ci sono andato. Perché avrei dovuto? Per scendere a terra ci sono soltanto quattro buoni motivi, ovvero quattro luoghi da visitare: 1, la capitaneria di porto, perché è lì che bisogna portare la documentazione marittima,

compilare una caterva di scartoffie e versare un po' di soldi;
2, la dogana, sempre con documenti e soldi a portata di mano;
3, il fermo posta, dove, nella maggior parte dei casi, troverete lettere in cui vi si chiedono soldi;
4, il bordello, per ritrovare le vostre abitudini, un ambiente familiare, qualche ragazza che parli la vostra lingua, alcolici d'ogni genere, e, potete starne certi, per lasciare anche lì un altro po' di soldi.
Portato a termine questo pellegrinaggio in quattro tappe, vi ritroverete con le gambe molli, un cerchio alla testa e il portafogli alleggerito, e vi resterà – posso assicurarvelo – un unico desiderio: salpare al più presto.
Arrivato all'isola di Porquerolles, chiedo a un tipo che passeggia sul molo:
« C'è molta gente in paese? ».
Mi sorride con aria rassicurante e mi fa:
« Ma certo, signore! Ci sono perfino degli inglesi, e degli svizzeri... ».
Vedendo la mia espressione, si interrompe, aggrotta le sopracciglia e ritrova subito il sorriso per chiedere a sua volta:
« Preferisce starsene tranquillo? ».
« Direi! ».
Mi fa l'occhiolino, senza il minimo imbarazzo.
« Allora è a cavallo! Non c'è quasi nessuno ».

«Ma come? Se mi ha appena detto... gli inglesi, gli svizzeri...».
«Sì, ne sono venuti, anni fa...».
«E adesso, invece?...».
«Dovrà accontentarsi dei duecento abitanti dell'isola... Duecento a voler esagerare, perché non ci sono mica tutti... Io credevo che le piacesse la folla, capisce? Volevo farle cosa gradita...».
Anche Angelino vuole sempre farmi cosa gradita. E così il mio equipaggio italiano. A questo punto devo pur dire qualcosa della mia barca, altrimenti i lettori non capiranno nulla delle storie che racconterò.
È una goletta, come credo di aver già detto, e goletta è una parola che evoca all'istante la più poetica delle immagini: le vele quadrate spalancate contro il cielo, il superbo bompresso, e i fiocchi spiegati come ali...
La mia è così e non è così. Le vele ci sono, e c'è il bompresso e tutto ciò che si può ammirare sulle cartoline. E c'è addirittura, per i nostalgici, una componente piratesca ben pronunciata: barili e reti da pesca sul ponte, pentoloni, puzza di pesce e di catrame, mucchi di vecchie cianfrusaglie non sempre pulitissime e i miei marinai che mettono in mostra i piedi sporchi, le gambe villose, i torsi nudi, visto che si tolgono i pantaloni alle sei del mattino e passano tutta la giornata in mutandoni a ri-

ghe o a quadretti che sfido chiunque a trovare ancora in commercio.
Vuole la tradizione marinara che ogni imbarcazione abbia il suo personaggio pittoresco – e non è una leggenda, è un dato di fatto che ho verificato innumerevoli volte.
Noi abbiamo Angelino. Come tutti gli altri marinai della mia goletta, e come lo stesso capitano, non parla francese; e io capisco poco l'italiano. Quindi ci intendiamo a gesti.
«Età?» ho chiesto ad Angelino il primo giorno, aiutandomi con la mimica.
«Duecentocinquant'anni!» mi ha risposto lui.
Oggi mi chiedo se davvero avesse capito male la domanda. Ha una pelle rosea, da porcellino, che sembra ancor più rosea perché non ha un pelo su tutto il corpo: niente capelli, niente sopracciglia, niente ciglia a schermare gli occhi azzurri.
Angelino sa fare tutto. E fa tutto. Credo che sarebbe bastato lui a mandare avanti la barca. In un lampo, si arrampica fino alla formaggetta dell'albero maestro. È lui a cucinare per l'equipaggio. È lui a preparare i palamiti e le reti.
«Voi, se bisogno qualche cosa, dire Angelino!».
E diventa subito un'abitudine. Per qualunque cosa, chiamiamo Angelino, e Angelino arriva sempre.

Gli altri sono amorfi, con l'eccezione del mozzo, che è bello, flessuoso e altero come un efebo di Prassitele: sospetto che dispensi ai miei marinai quei piaceri che si rifiutano di andare a cercare sulla terraferma. Forse è questa la ragione per cui non fa niente, ma proprio niente, a parte guardare il mare con occhi languidi, sbattendo le lunghe ciglia nere.
Tutto ancora molto poetico, in fondo, non vi pare? E adesso immaginate la goletta mentre solca fiera le onde facendo rotta verso un porto brulicante di vita, uno dei tanti, nel più brulicante dei mari.
Voglio raccontarvi una tappa, una soltanto, ve lo prometto, del nostro viaggio, prima di passare ad altro. La tappa Porquerolles-Genova, ad esempio, che potremmo ribattezzare la storia del ponente.
A voi dice qualcosa questa parola? A me non diceva nulla, ma posso assicurarvi che ormai mi sarà difficile dimenticarla. Ponente, in italiano, è il vento da ovest. Ora, per andare da Porquerolles a Genova con una barca a vela, ci vuole un po' di vento da ovest.
Cominciate a capire?
Riporterò gli avvenimenti – se così si possono chiamare! – giorno per giorno, e alla fine questo tratto di costa vi sarà familiare quanto lo è a me.

27 maggio Alle undici di sera, osservando il cielo stellato, Angelino dichiara:
« Ponente, signore! Noi partire... ».
Il vento da ovest non c'è ancora ma, visto che Angelino lo promette come imminente, ci prepariamo a salpare l'ancora, il che significa che per un'ora buona cinque uomini sudano tutta l'acqua che hanno in corpo per manovrare il verricello, mentre dal molo delle ragazze ci guardano con occhi avidi di poesia.
A mezzanotte siamo fuori dal minuscolo porto e, in effetti, una leggera brezza ci sospinge verso est.
« Domani sera, Genova! » garantisce Angelino, il quale evidentemente prevede che questa brezza sia destinata a rinforzare.
Vi sarà capitato di passeggiare per le strade di una grande città verso le tre o le quattro del mattino. Se siete nottambuli incalliti, sarete in grado di riconoscere tutte le figure che sgusciano nell'ombra.
A parte i rari passanti ritardatari, ve ne sono di due tipi: in primo luogo i protagonisti della vita fervida e giudiziosa della città che non dorme mai, i manovali che scavano fossati per riparare una tubazione del gas o costruire una nuova linea del metrò, gli ortolani che si dirigono verso i mercati generali, i poliziotti in servizio, i ferrovieri che vanno al lavoro; e poi, nell'ombra, la seconda categoria, quel-

la di coloro che escono solo di notte e che solo della notte campano.
In mare è lo stesso.
Siamo in navigazione là fuori, a quattro o cinque miglia dalla costa, che ai nostri occhi è soltanto una ghirlanda di luci, in mezzo alle quali si distingue di tanto in tanto il lampeggiare di un faro.
Più vicino a noi, a prima vista, non c'è niente. Eppure...
A un tratto, per esempio, sento delle voci, vicinissime, benché non si riesca a scorgere nemmeno la lucina più insignificante.
« Pescatori!... » annuncia Angelino.
Ed essendo rimasto qualche giorno a Porquerolles, non ho difficoltà a capire. Pescano di frodo in zone vietate, a troppo poca distanza dall'isola, ed è per questo che evitano di segnalare la loro presenza.
So altrettanto bene che una barca sta scivolando lentamente, a cauti colpi di remo, verso un'insenatura pescosa. Si percepisce il fruscio come di seta dell'acqua. Angelino commenta:
« Dinamite!... ».
È vero. Qualcuno, tra non molto, getterà in acqua un candelotto di dinamite che farà salire a galla centinaia di pesci morti. È solo un'ombra anonima, come quelle che, in città, camminano rasente i muri. Ma l'ombra di chi? Di quale abitante di Porquerolles?

Tre lucine brillano a una certa distanza, luci rispettabili, come il braciere dei manovali del metrò o quello degli operai che asfaltano le strade: sono tre pescherecci che recuperano le reti. Ciò non toglie che anche loro stiano operando in zona vietata, e che adesso stiano scrutando l'orizzonte buio. Li hanno informati che il battello guardapesca era a La Ciotat. Ma se tutt'a un tratto gli venisse in mente di fare un giro da queste parti?
Infine, su un isolotto che stiamo aggirando, scorgiamo due o tre persone che attraversano la pineta: sono pescatori dilettanti, miti pensionati, tranquilli borghesi in vacanza che all'alba vogliono trovarsi nel posto in cui, così gli hanno detto, faranno un buon bottino. Hanno un thermos di caffè caldo, canne ingombranti, un seggiolino pieghevole, un secchio per conservare vivo il pescato, i retini e chissà cos'altro ancora.
Sulla terraferma, dove si vedono più luci, ci sono i casinò. Dieci persone che giocano. Tre che ballano. Cinquanta camerieri e croupier che sbadigliano. Ah, la crisi!
Angelino è al timone. Il capitano dorme.
«Ponente!».
È vero. La brezza ha rinforzato e la barca fila a sei nodi sollevando spruzzi fosforescenti.

Ero a bordo dell'*Angkor*, due anni fa, quando, dalle parti di Napoli, in piena notte, il piroscafo ha tagliato in due una goletta. Immaginatevi la scena: i passeggeri svegliati dall'urto e, ancor più, dai colpi di fischietto e dagli ordini concitati: la vana ricerca dei corpi dei marinai.

E soprattutto l'espressione tragica del comandante:

« Sono sicuro che non avevano le luci di posizione accese! ».

Tant'è, purtroppo: anche quando ha ragione, un capitano che ha provocato un incidente viene destituito.

Questa volta tocca a me essere a bordo della goletta. Con Angelino chiacchieriamo, sempre in questa lingua da selvaggi, e all'improvviso scorgo una luce verde e una luce rossa alle nostre spalle, a meno di cento metri di distanza: una nave ci sta venendo addosso. Io grido. Angelino grida. Cerchiamo un faretto, che non si trova. Cerchiamo il corno da nebbia, che non è al suo posto. E già sentiamo le voci degli ufficiali sulla plancia del piroscafo.

Per puro caso finalmente uno di noi due si ritrova fra le mani una torcia elettrica, una misera lampadina tascabile che agitiamo nell'aria e che ci salva.

La nave fa manovra, vira a babordo, ci passa accanto a meno di venti metri: vediamo i passeggeri che giocano a bridge ai tavolini all'aperto del bar, le coppie che ballano poco più in là.

«*Dollar Line*!» commenta Angelino.
La linea del dollaro. Sono transatlantici che fanno il giro del mondo. Alcuni passeggeri emozionati si sporgono dal parapetto per guardarci passare: di sicuro stanno pensando che in barca a vela è molto più poetico.
Io controllo se le nostre luci di posizione sono accese. Non lo sono. Siamo ciechi, come i pirati. E Angelino mi spiega che, per l'illuminazione, ci vogliono da cinque a sei franchi di petrolio a notte...
Cinque o sei franchi! I miei cinque uomini di equipaggio non ne spendono nemmeno dieci al giorno per una dieta a base di riso e spaghetti al pomodoro!
«Ponente...! Domani, Genova...».

28 maggio Calma piatta. La brezza è caduta e onde lunghe agitano la barca, facendo sbattere le vele. Il mare è deserto. Ci siamo spostati al largo in cerca del vento, ma il vento, al largo, non c'è. Solo un addensarsi di bruma ci suggerisce che l'Estérel si trova laggiù, a nord, con le sue rocce rosse e le sue ville, Saint-Raphaël da una parte, Cannes dall'altra.
Che cosa volete che facciamo, per ore e ore? Ci gettiamo secchiate d'acqua a mo' di doccia; peliamo patate; mangiamo l'agnello comprato a Porquerolles; guardiamo prima il

cielo, poi il mare; sbadigliamo, dormiamo un po', beviamo un sorso di rosé...
E per finire, con buona pace dei poeti, giochiamo a belote.
La sera lungo la costa si accende di nuovo una ghirlanda di piccole luci: Cannes, Nizza... Più lontano Villafranca, Monaco, Mentone, Ventimiglia...
Tutto sembra a portata di mano. Pare quasi di sentire la musica dei casinò e il richiamo dei croupier di Montecarlo:
« *Rien ne va plus...* ».
« Mattina, ponente! » promette Angelino, che ha lo stesso ottimismo eccessivo di quel tizio di Porquerolles.
Lo dice per farmi piacere...

Tempo fa una roulotte di zingari è arrivata nel mio paese, o per meglio dire al limitare del mio paese, dove è stata fermata da un cartello dai toni imperiosi: « Divieto di soggiorno per i nomadi ».
Per un mese ho visto quella stessa roulotte dappertutto, alle porte di un villaggio vicino, poi a destra, a sinistra, ai margini di un campo, ai confini di un bosco. Mi sono chiesto che cosa ci facesse lì in zona e ho avuto la spiegazione che cercavo.
Non ci faceva niente! Sindaci e poliziotti se la rispedivano da un posto all'altro come una pallina da ping-pong. Nessuno ne voleva sa-

pere. Così la roulotte girava in tondo, senza tregua, senza nessuna possibilità di fermarsi né di uscire da quel circolo vizioso.

Per giornate intere gli zingari si vedevano passare sotto il naso macchine rombanti che, a differenza della loro roulotte, andavano da qualche parte. A volte, addirittura, un'automobile di lusso si fermava e una bella signora scendeva per fargli una fotografia.

« Sono così poetici! ».

Anche noi siamo poetici. Eppure...

Alle due del mattino, comunque, un filo di brezza favorevole ci ha spinti fino a Sanremo. Vado a dormire. Due ore dopo, mi sveglia il fracasso dell'ancora che si tuffa sul fondo. Convinto di essere in Italia, salgo sul ponte. Siamo a Mentone! Ma non eravamo già davanti a Sanremo? Che c'entra! La brezza ci ha impedito di entrare in porto e abbiamo dovuto fare dietrofront. Anzi, è una fortuna che possiamo attraccare a Mentone: ce la facciamo per un pelo. A un certo punto sembrava si dovesse retrocedere fino a Nizza.

29 maggio Domani, ponente!

Credete forse che si possa scendere a terra? Diamine, dobbiamo aspettare il vento! Passiamo il tempo con il naso per aria a tenere d'occhio la banderuola dell'anemometro. E questo per tre giorni.

Due, tre, quattro golette italiane che fanno la

VIETATA

nostra stessa rotta vengono anch'esse a rifugiarsi in porto. Una di loro, nel bel mezzo di una bonaccia, si avvia verso il largo, e per ventiquattr'ore la vediamo lottare, finché, mogia mogia, non si rassegna a rientrare nei ranghi. Naturalmente i frequentatori del casinò vengono a fare un giretto nel porto, per scattare fotografie. Sono così belle le barche a vela!

2 giugno Ponente! Partenza. Filiamo che è una bellezza. Facciamo una ventina di miglia, poi il vento gira e ci costringe a tornare indietro per rifugiarci a Sanremo.
Quindi attracchiamo e aspettiamo il vento!

3 giugno Aspettiamo il vento.

4 giugno Aspettiamo il vento.

5 giugno Aspettiamo il vento.

6 giugno Vento!
Tempesta, addirittura. Ma è una tempesta che viene dalla parte giusta e ci porta a Genova in poche ore. Angelino è radioso.
«Bello...!» ripete di continuo, indicando l'acqua che scorre su entrambi i lati della goletta. Ci supera una barca a motore, tutta bianca. È uno yacht, con a bordo il proprietario, Lebaudy, quello dello zucchero. Prendendoci per

dei poveracci che trasportano ferraglia, non ci saluta neppure.
Nel porto di Genova c'è un altro yacht, una magnifica imbarcazione dalle forme antiquate, una riproduzione delle fregate di due secoli or sono, con uno scafo nero ornato di vilucchi d'oro, uno zerbino davanti alla passerella, marinai belli come capitani e, per finire, un vecchio signore seduto in poltrona.
Il vecchio signore è lo zio del re d'Inghilterra, che come ogni anno fa il suo giretto, sempre lo stesso, senza mai stancarsene. Non va lontano. Gli yacht non vanno mai molto lontano, perché il mare li sballotta troppo, e soprattutto li sporca.
Ormeggiamo in un bel porticciolo e appendiamo un cartello: «Vietato salire a bordo». E ci sediamo su sedie a sdraio pieghevoli con un libro in grembo.
Siamo proprio come gli zingari di cui parlavo poco fa. Non appena ci scorgono, le autorità ci apostrofano in tono imperioso. Non crederemo mica di poter ormeggiare dove ci pare e piace. Un tipo in uniforme gallonata ci fa grandi segni dal molo, come un semaforo a braccia. Per un quarto d'ora andiamo a zonzo per le varie sezioni del porto, fra imbarcazioni di ogni genere, e alla fine ci fanno gettare l'ancora nel bel mezzo del bacino.
Ci vorrà una scialuppa, ogni volta, per andare a terra. Ma ne abbiamo ancora voglia, di

scendere a terra? E del resto saremo autorizzati a farlo soltanto fra parecchie ore, dopo aver ricevuto a bordo i funzionari della sanità, poi i doganieri, poi la polizia, poi la capitaneria, poi...
In due giorni ci faranno cambiare posto tre o quattro volte, proprio come ai rom, perché le barche a vela occupano molto posto e pagano poco. Ai marinai, ogni volta, gli ci vuole un'ora buona per salpare l'ancora col verricello. Ma non si lamentano. Il rispetto per l'uniforme e per i berretti graduati è un'abitudine, per loro.
E finalmente, proprio come zingari, ci raccolgono tutti alla rinfusa laggiù, in mezzo al porto, quasi bordo contro bordo. Siamo una quindicina di barche, fra tre alberi, quattro alberi e golette.
Il quattro alberi è stato costruito dagli americani, durante la guerra, per portare i rifornimenti alle truppe. Adesso trasporta i carichi che riesce a trovare.
Una goletta piena di carbone di legna si appresta a fare il giro dei piccoli porti della costa dove venderà il suo carico al dettaglio.
Formiamo una sorta di isolotto, insomma. Tutt'intorno a noi c'è un grande porto maestoso dove la vita ferve. Stanotte salperà, diretto a New York, il *Rex*, il più lussuoso piroscafo italiano. Si vedono bandiere scandinave, greche, spagnole, tedesche. Le motove-

dette, come formiche indaffarate, vanno da una nave all'altra trasportando instancabilmente gruppi di persone ben vestite.

Alle nostre spalle stanno demolendo un piroscafo che inizialmente era tedesco, poi è stato recuperato dalla Francia dopo la guerra e infine venduto all'Italia. Con i suoi pezzi migliori di sicuro si costruirà una bella nave moderna, perché niente va mai perduto.

La città? È là dietro. La sentiamo. La percepiamo. Ma che mai ci andremmo a fare?

I marinai dei mercantili e dei piroscafi, quelli sì, ci vanno, perché sono dei «b*v*avi lavo*v*ato*v*i» coscienziosi e o*v*ganizzati, con tanto di sindacato.

Sul nostro isolotto di barche a vela le cose vanno diversamente. Mangiamo sul ponte, guardandoci da bordo a bordo, sorridendoci e persino scambiandoci viveri o fiaschi di vino bianco.

Non siamo a Genova. Non siamo in un grande porto. Siamo in sosta, come le chiatte a Charenton o davanti alla chiusa di un canale.

Quando scende la notte, una chitarra sgrana qualche nota, timida sulle prime, e una voce ancor più timida le risponde.

Non riusciamo più a vederci. Non ci conosciamo. Ma ci passiamo vino bianco da una barca all'altra. Si scorgono ombre che scavalcano i parapetti. Altre voci si uniscono alla prima.

Laggiù, nel porto degli yacht, i grammofoni suonano brani jazz; qui, invece, una decina di uomini, adesso che nell'oscurità non si distingue più nulla, intona un coro interminabile mentre salpa il *Rex*.
« Com'è poetico! » starà dicendo la brava donna che passeggia sul molo in compagnia di un signore in pantaloni di flanella bianca che le porge il braccio.
Ci resta solo un po' di vino bianco. Gli uomini bevono e il volume cresce. Alle tre del mattino ancora non dormo e le voci continuano a salire di tono.
Eppure, al mio risveglio all'alba, ci sono soltanto quattro o cinque barche a vela. Le altre sono partite per destinazioni ignote. E io ho una tale voglia di partire che chiedo ad Angelino, mentre si lava in un secchio d'acqua sul castello di prua:
« Ponente? ».
Se glielo chiedo è perché so che mi risponderà di sì. Pazienza se il ponente non arriva, se dobbiamo tornare un'altra volta a Sanremo o a Mentone.

3

Qualche anno fa, in Olanda, ho scritto un intero romanzo nella stiva di una vecchia nave che si era incagliata in fondo al porto. Gli operai si erano impadroniti del mio yacht per rifare il calafataggio dello scafo e mi rendevano la vita impossibile. Allora, con la mia macchina da scrivere e una risma di carta, avevo preso domicilio in quel relitto dove c'erano trenta centimetri d'acqua e vere e proprie colonie di ratti. Tre o quattro vecchie casse erano l'isoletta sulla quale giocavo a fare il naufrago.
Se oggi ci ripenso, è perché sto scrivendo in un posto altrettanto assurdo. La mia barca è ormeggiata in un porticciolo dell'isola d'Elba, dove c'è posto, oltre che per lei, solo per due piccoli pescherecci. Nel villaggio ci saranno sì e no duecento anime. Dalle colline intorno, le vigne scendono fino al mare, già cariche di grappoli ma quasi incolte, come se il contadino facesse affidamento soltanto sul sole. Non c'è alcun ordine nelle coltivazioni, né nella disposizione delle case. Ci sono cavoli che spuntano in mezzo alle erbacce e asini che, con il basto sulla groppa, vaga-

no in compagnia di capre rosse. L'aria ha la dolcezza dei fichi maturi che chiunque può cogliere a suo piacimento ai margini dei sentieri.
Sono stato cacciato dalla mia barca dai marinai che la pitturano e ripitturano instancabilmente, e ho trovato, sopra uno scoglio, una casa in costruzione.
Non è neppure una casa. C'è una sola stanza. I muri e il tetto sono stati ultimati, ma non ci sono ancora né finestre, né porte, né pavimento.
«Non riprendete i lavori?» ho chiesto, additando i mucchi di sabbia, i sacchi di cemento, le pile di assi di legno.
A questa domanda rispondono tutti con un sorriso che ormai comincio a conoscere, un sorriso che non è proprio di tristezza, né di vera rassegnazione, ma non è nemmeno di ribellione. Un sorriso che significa che i lavori verranno ripresi in seguito, se mai un giorno o l'altro verranno ripresi, se cioè, per una ragione o per l'altra, ci sarà di nuovo un po' di denaro.
Anche i maître dei grandi alberghi, i baristi, i croupier della Costa Azzurra esibiscono pressappoco lo stesso sorriso, un po' più nervoso forse, perché loro non possono andare a spasso in espadrilles, stendersi al sole a mezzogiorno sulle pietre calde, nutrirsi di un pugno di riso.

Eppure, due mesi or sono André, una vera e propria eminenza grigia tra Cannes e Deauville, mi diceva:
«Le offro tutte le azioni del casinò a dieci centesimi l'una!».
E quando si è sparsa la voce che cercavo una barca, ho ricevuto una valanga di lettere e di visite.
Conoscete il porto di Cannes, pieno zeppo di tutti gli yacht più belli del mondo? Ve ne sono alcuni grandi come piroscafi di linea, barche che sono costate sei o sette milioni. E ci sono dei piccoli sei metri che sono autentici gioielli e che non valgono meno di due o trecentomila franchi.
Fate un'offerta! La motovedetta superveloce, equipaggiata di due motori Hispano da trecento cavalli ciascuno, non vi costerà più di ventimila franchi. Con due o trecento banconote da mille, in contanti, vi porterete via – è un modo di dire – quel ketch di gran lusso che valeva due milioni.
Le ville sono in vendita. Le automobili sono in vendita. La Costa Azzurra è in vendita. E così pure i visoni, i diamanti, le perle delle belle signore.
La casetta dove scrivo, che non ha né porte né finestre, e che forse non le avrà mai, appartiene al droghiere del villaggio. Se dunque perfino i droghieri si trovano in cattive acque...

Di fronte a me, attraverso il buco che funge da finestra, posso vedere, in una cornice naturale senza paragoni, una delle più belle proprietà che si possano immaginare. È una costruzione sontuosa, sopra uno scoglio che si protende nel mare: tutt'intorno, come per magia, è stato creato un folto giardino dove si trovano tutte le specie vegetali del Mediterraneo.

Ieri pomeriggio sono andato a vedere più da vicino. Ahimè! Le cancellate di ferro battuto sono arrugginite. I viali sono invasi dalle piante selvatiche. Le tettoie stanno marcendo. I muri stessi, martoriati dalle tempeste, qua e là sono crollati.

« Ma i proprietari sono morti? ».

« No, vengono sempre, d'estate ».

Semplicemente, aspettano, come il mio droghiere, come tutti...

Sul Bosforo, laggiù, al capo opposto del Mediterraneo, ci sono, in un paesaggio abbastanza simile a questo, grandi residenze di legno, chiamate *yali*. C'è tutto il fasto dell'antica Turchia in queste dimore dove, nella maggior parte dei casi, l'*haremlik* (casa delle donne) e il *selamlik* (casa del signore) sono separati da un corridoio riccamente istoriato.

Un mio amico, nipote di un gran visir molto famoso per via del suo prestigioso lignaggio, mi ha fatto visitare gli yali della sua famiglia. Sono pieni di tappeti meravigliosi, di suppel-

lettili da museo. Ho visto, fra le altre cose, un lampadario di cristallo con tremila candele: vere candele, sia ben chiaro!
« Se l'immagina » ha mormorato il mio amico « la servitù che ci voleva, anche solo per accendere le tremila candele del lampadario? ».
Gli yali sono in vendita. O, per meglio dire, non sono nemmeno in vendita, perché si sa già in partenza che non troverebbero acquirenti. E il nipote del gran visir vive miseramente in una camera ammobiliata di Pera, con un letto di ferro e mobili di pitch pine.
Sempre sul Bosforo, mi hanno mostrato antiche moschee dai sottili minareti.
« Ne vuole una? » mi hanno proposto.
Proprio così! Per dieci, ventimila franchi potete comprare una moschea con tutto il terreno che la circonda.
C'è qualcosa che non sia in vendita? Dalla mia solita finestra, mentre scrivo, vedo passare golette e tre alberi, perché l'Italia è rimasta fedele alla navigazione a vela. Non si tratta di vecchie barche. Molte sono state costruite meno di dieci anni fa, in massiccio legno di quercia.
Un semplice set di vele nuove vale come minimo cinquantamila franchi. In media, quindi, per quelle barche ce ne sono voluti circa duecentocinquantamila.
Potete averne una per trenta, quarantamila, per centomila franchi se ha anche un motore.

Conosco i paesi del Nord Europa. Ho vissuto in Germania all'epoca dell'inflazione. Ho visto chiudere miniere di carbone e spegnersi altiforni.
Lassù le espressioni dei volti si inaspriscono, la gente reagisce, chi con virulenta disperazione, chi con una smania di piaceri illeciti, chi sprofondando nel più cupo sconforto.
Lassù, soprattutto, non fanno che ripetere: «La crisi...».
Nel Mediterraneo, invece, della crisi nessuno si lamenta. Non si ribellano. Non accusano la malasorte. Sono senza speranza e senza disperazione.
Vuol forse dire che soffrono di meno?
Saremmo tentati di crederlo, vedendo come il sole, in poche settimane, faccia crescere le messi, maturare l'uva, moltiplicando ovunque la vita.
Ma credo che questa sia un'idea da uomini del Nord.
Quanto a me, preferisco rileggere la Bibbia. Non è forse vero che lì si parla già delle sette vacche grasse e delle sette vacche magre? E che già allora intere popolazioni vagavano intorno a questo stesso mare di un azzurro intenso alla ricerca non di terre da conquistare, ma di cibo?
Per san Giuseppe l'asino rappresentava da solo tutto il suo patrimonio: l'ho capito lungo il corso del Nilo, quando ho visto l'asino girare

in tondo tutto il giorno a tirar su dal pozzo l'acqua per i campi, e poi caricarsi sulla groppa l'intera famiglia, l'uomo, sua moglie e i bambini, e infine, se era un'asina, fornire anche il latte per i neonati.

Allo stesso modo, nella mia isoletta italiana, vedo passare degli asini, e ciascuno di loro rappresenta il capitale del suo proprietario.

E se stesse qui tutta la differenza? Lassù, nel Nord da cui provengo, l'uomo ha bisogno di cavalli poderosi, di vacche ben pasciute: per i cavalli ci vuole della buona biada, e per le vacche pascoli abbondanti.

Intorno al Mediterraneo, a est come a ovest, in Africa come in Europa, ci sono asini, pecore e capre che brucano qualsiasi cosa – cardi, erba secca – e bevono quando il cielo si decide a mandare un po' d'acqua.

Di un asino non si può certo dire che sia allegro. Ma non si può neanche sostenere che sia triste. Va dritto per la sua strada, paziente, simile a un vecchio filosofo che ne ha viste così tante che niente riesce più a turbarlo. Se la fame gli attanaglia le viscere, sa che protestare non serve a nulla e aspetta fiducioso che la Provvidenza si mostri più clemente. Se ha sete, è ben consapevole che i suoi lamenti non sono in grado di squarciare le nuvole.

Il nipote del gran visir non ha mai avuto una parola amara. E il tizio che mi ha offerto per ventimila franchi una barca a vela che ne va-

leva centomila non ha minimamente cercato di impietosirmi per la sua sorte.
Proprio ieri, di notte, ho visto un pescatore lavorare fino all'alba a piazzare nasse e reti. Il mare era furioso e lui aveva soltanto una barchetta a remi dal fondo piatto che temevo di veder affondare da un momento all'altro.
L'ho incontrato stamattina nell'unica strada del villaggio. Aveva un cestino in mano e andava bussando alle porte.
« Buona pesca? » gli ho gridato.
Non ha neanche risposto. Mi ha mostrato il cestino, che conteneva una murena, quel pesce a forma di serpente, a chiazze rosse e gialle, cui Nerone dava in pasto i cristiani. Poteva pesare sì e no un chilo. Il pescatore l'aveva tagliata in una decina di pezzi. E la vendeva così, un pezzo alla volta.
Anche il Vangelo parla di poveri pescatori, no? Ebbene, qui siamo nella Bibbia, nel Vangelo. Centinaia di italiani, greci, turchi, siriani attraversano ogni giorno il Giordano in cerca della Terra promessa. Vanno dappertutto, in questo grande bacino, e non si sentono mai spaesati perché dappertutto è la stessa cosa.
Un miscuglio di fasto e di miseria nera... A mezzogiorno il mare è piatto e liscio come la seta, due ore dopo la tempesta è al suo culmine... Le spighe crescono come per magia, e il caldo inaridisce il più piccolo filo d'erba...

Ho già accennato all'isola d'Elba, al villaggio da dove scrivo, alle insenature che si aprono fra le rocce verdeggianti, alle colline ricoperte di vigneti e ai suoi abitanti che, a ogni ora del giorno, hanno tutta l'aria di oziare.

Ho chiesto a uno del posto:

« Ma insomma, quali sono le risorse dell'isola? ».

Mi ha guardato stupito.

« Ma come, non lo sa? È uno dei centri minerari più importanti d'Italia ».

Sono stato lì lì per scoppiare a ridere. La parola miniere, per me, rappresenta qualcosa di completamente diverso: paesaggi inospitali, con file di case operaie tristi come viali di un camposanto; facce dall'espressione dura e astiosa; rotaie ovunque, cumuli di detriti, semafori, ciminiere che anneriscono persino il cielo.

« E dove sono, le vostre miniere? ».

« Laggiù... ».

Ma certo! A cinquecento metri dal porticciolo dove sono ormeggiato. Nient'altro che un cunicolo scavato nella collina, una specie di piccola cava. Pochi vagoncini che vanno e vengono. Di tanto in tanto si sente scoppiare nell'aria tranquilla un candelotto di dinamite.

C'è una gettata di pilastri in cemento, e un rimorchiatore che viene a prendere le chiatte cariche di minerali e le traghetta sul continente.

« Solo che » osservo io « non avete fabbriche ».
« Ma che cosa dice? Abbiamo gli altiforni! ».
Ho visto anche quelli, non molto lontano da qui, in una idilliaca valletta.
« Sì, ma... gli operai, le case operaie...? ».
Sono le casette sparse un po' dappertutto, con i loro giardini, i polli, le vigne, un cane e un asino per ogni famiglia.
Capite la differenza?
Sono stato a bordo dei grossi pescherecci neri di Boulogne, di IJmuiden, di Emden, con i pescatori di merluzzi, di aringhe, e anche con quelli che fanno la pesca del nasello nei grandi fondali dell'Atlantico.
Ci sono trenta o quaranta uomini su quelle barche, agli ordini di un armatore che decide:
« Si parte stasera... ».
E che decide anche l'entità della paga, e quella delle percentuali.
Quelli sono pescatori sindacalizzati. Sono dei proletari. Al rientro a terra, fanno la coda allo sportello di un triste edificio per prendere la paga.
Pescano tonnellate e tonnellate di pesce. Ci sono mercati con quotazioni che salgono e scendono, scossoni in borsa. Certe volte capita che tutto il pesce venga ributtato in mare, per ragioni misteriose, che restano tali anche per chi ha sgobbato a tirare le reti per intere settimane.

Qui le barche sono minuscole. E spesso sono di proprietà di due o tre persone. Gli uomini, seduti sulla sabbia in riva al mare o sulle pietre del molo, passano la giornata a infilzare teste di sardina sugli ami, ad armare cioè i palamiti, oppure a inserire pezzetti di polpo nei canestri di vimini per la pesca dell'aragosta e del grongo.
Oppure vanno a pesca con la lampara: escono la sera con una lampada dalla luce violenta issata a prua, così da accecare il pesce che resterà imprigionato nelle nasse.
Non ci sono né borsa né oscillazioni di mercato. Non c'è nessun salario da ritirare allo sportello di un ufficio a fine settimana.
Di conseguenza non esiste proletariato.
È per questo, forse, che nessuno parla della crisi. La crisi è un'invenzione moderna, come il cambio, il rialzo e il ribasso, lo sciopero e la serrata.
Tutte parole che qui non hanno nessun significato. Nel Mediterraneo, come nella Bibbia, ci sono le vacche grasse e le vacche magre, gli anni di penuria e gli anni di abbondanza.
C'è soprattutto l'abitudine a entrambe le cose, intendo dire all'abbondanza e alla penuria. La gente non si sente spacciata quando ha fame né all'apice dell'agiatezza quando ha tanto fieno in cascina.
Rassegnazione?

Non credo. Direi piuttosto saggezza, una saggezza involontaria, ereditata da remoti progenitori.
Un uomo del Nord compra un pezzo di terra. Il primo anno guadagna cinquantamila franchi arandola con i buoi, e ne deduce:
« Compro un trattore e, se tanto mi dà tanto, l'anno prossimo guadagnerò sessantamila franchi ».
L'anno seguente è una buona annata, ed effettivamente li guadagna:
« Allora compro un furgone e l'anno prossimo ne farò settantamila ».
Ma l'annata successiva porta solo pioggia e grandine, e bisogna rivendere il trattore e il furgone, se non addirittura ipotecare il terreno.
« È un disastro! » si lamenta allora l'uomo del Nord, e si rivolge allo Stato, dal quale esige...
Chiedo scusa per la facile ironia. Ma attraverso il buco che mi fa da finestra vedo persone che vagano oziose senza un soldo in tasca e che per pranzo si accontenteranno di un piatto di pasta.
La prima volta che le ho viste, anni fa, il mio sangue di formica laboriosa e irrequieta si è messo a ribollire.
« Fannulloni! » ho sentenziato. « Se lo meritano, di crepare di fame! ».
In quei giorni la borsa di New York governava il mondo, Londra e Amsterdam erano padro-

ne dei mercati, gli americani compravano tutte le ville della Costa Azzurra e facevano smontare gli antichi castelli di Francia per ricostruirli nell'Ohio o nel Wisconsin.
Oggi gli americani hanno abbandonato la Costa; i loro yacht sono in vendita; la loro servitù percepisce l'indennità di disoccupazione.
«La crisi...» piagnucolano.
Qui invece, come vi ho già detto, la crisi nessuno la nomina. E quando dico qui, mi riferisco a tutto ciò che si affaccia su questo bacino azzurro chiamato Mediterraneo.
Questi uomini hanno ricominciato a fare la vita di una volta, tutto qui. La vita di una volta, con alti e bassi, vacche grasse e vacche magre, proprio come la natura.
Il mio amico, il nipote del visir, non è il solo a non provare alcuna forma di acredine. Ho incontrato ricchi egiziani che possiedono intere province e ai quali, tuttavia, rimane a stento di che vivere. A bordo dei piroscafi ho fatto la conoscenza di aristocratici greci che viaggiavano in seconda classe e non avevano perduto il sorriso. Per non parlare dei tanti ebrei di Pera che commerciavano in tappeti o in tabacchi e che adesso non sono più in grado di pagare gli studi in Francia ai loro figli. Visto che ho citato i Vangeli, lasciate che ricorra a una parabola.
Le golette del Nord, quelle che solcano l'Oceano, hanno alberi solidi come cattedrali e

vele pesanti come lastroni di ferro. Possono fare affidamento sui venti regolari garantiti da attendibili bollettini meteorologici...
Qui l'equipaggiamento della mia barca, come di tutte le altre barche, sembra di filigrana. A vederlo, non si può fare a meno di pensare che basterà il più insignificante colpo di vento per mandare tutto in frantumi.
E invece non si rompe. È flessibilissimo. Si piega, nelle tempeste, come la canna della favola.
Stanotte, forse, il pescatore di murene farà un bottino miracoloso. Ma non per questo si comprerà un furgoncino, e nemmeno un asino, per andare a vendere il pesce in città.
Quel che farà lo ignoro. Ma sono incline a pensare che imiterà il cammello – mediterraneo, anche lui! –, che mangerà finché non sarà sazio, e che berrà finché non si sarà tolto la sete, così da poter vivere di ricordi nei giorni di digiuno.
Senza acredine! Ben sapendo che le vacche grasse tornano sempre, come il sole che tramonta solo per poi risorgere, come i cardi di cui si ciba l'asino, che rispuntano a ogni primavera.
Mi dispiace. Volevo semplicemente raccontare delle storie, visto che ne ho un carniere pieno. Ma, ahimè, la posta mi segue dappertutto, e proprio ieri mi ha portato varie opinioni sulla cultura latina e su quella anglosassone.
La cultura latina è il Mediterraneo.

Al punto in cui siamo si potrebbe dire che la cultura anglosassone è tutto il resto...

Il conflitto – sempre che di conflitto si tratti – fra l'asino che si accontenta del poco che ha e il cavallo che reclama la biada...

Il conflitto – sempre che di conflitto si tratti – fra l'asino che si accontenta di murene...

Tra la frutta coltivata e quella che cresce spontaneamente...

Tra chi fa la siesta a mezzogiorno e chi gioca a calcio la sera...

Tra chi organizza la natura come un'azienda e chi la considera una vecchia puttana materna.

Tra chi ha paura di aver fame e chi è abituato ad averla...

Tra chi, infine, crede in Dio Padre e in Maometto e chi invece crede di averli colonizzati.

Tre o quattro volte ho solcato questo mare Mediterraneo che ha dato al mondo il suo alfabeto.

Ricomincio da capo, quasi sperando di essermi sbagliato.

Scrivevo l'altro giorno: «Il Mediterraneo è... è...».

Il Mediterraneo è tante di quelle cose che, quest'oggi, mi sono permesso di filosofeggiare, ma vi prometto che d'ora in poi non mi dimenticherò mai più che il mio mestiere, come diceva Stevenson, è quello di «raccontatore di storie».

4

Pazienza se mi sbaglio e se la storia della donna senza cuore arriverà a Parigi un po' appassita. La racconto lo stesso perché, da qui, mi appare sfavillante di tutta la poesia delle vecchie stampe popolari.

Per fare le cose come si deve, bisognerebbe illustrarla a colori, con un po' di azzurro per il mare, di verde per il paesaggio e di rosso acceso per il sangue. L'ideale, poi, sarebbe che i personaggi fossero disegnati da un artista un po' maldestro, o da un bambino.

La prima figura sarebbe un'isola verde, un'isola come ce le immaginiamo da piccoli, ovvero una piramide la cui punta svetti verso il cielo. Tutt'intorno il mare è azzurro, appena increspato.

Resta soltanto da disegnare, in nero, un vaporetto che si avvicina all'isola sbuffando fumo.

Sì, proprio così: una delle tante isole del Sud Italia dove vengono portati i detenuti.

In cima alla piramide, una fortezza.

Un vaporetto trasporta i detenuti fino all'isola: un vecchio marinaio, che assomiglia a Robinson Crusoe, mastica e sputa tabacco, con i gomiti sul parapetto.

« Sì, signore. Sono proprio io che tre anni fa, così come mi vede adesso, ho scortato fino all'isola il marito della donna senza cuore ».
Strizza gli occhi e mi guarda di traverso per sincerarsi che lo stia ascoltando con fervida attenzione.
« Non conosce la storia della donna senza cuore? Non ne ha mai sentito parlare? A me, caro signore, l'ha raccontata il marito in persona, con i ferri ai piedi, proprio qui, dov'è lei adesso. Sì, signore...! Era un marinaio, un ufficiale, giovane e bello, e anche istruito. L'avevano costretto a sposare una donna che non amava, e lui le aveva detto:
« "Una cosa sola ti proibisco di fare: tradirmi mentre sono in mare. Se un giorno vengo a sapere che mi hai disonorato, ti mangio il cuore..." ».
Robinson Crusoe mi lancia un'altra occhiata perché, a questo punto, l'ascoltatore deve cominciare a fremere.
« Le ha detto: "Ti mangio il cuore!" » ribadisce fra una pausa e l'altra.
Poi guarda la fortezza alla sommità dell'isola come per rammentarmi che il marito si trova lassù e che quindi si tratta di una storia vera.
« Potrebbe anche chiedere di vederlo, volendo. Insomma, il marinaio se ne va per mare e, quando ritorna, qualche mese dopo, guarda la moglie dritto negli occhi. E la moglie scoppia a ridere:

« “Ti ho tradito con cani e porci!” gli risponde.
«Lui non ha detto una parola, ma il giorno dopo la moglie è stata trovata morta. L’hanno portato in commissariato, poi in tribunale. Gli hanno chiesto:
« “Come mai sua moglie è morta?”.
« “Perché non aveva cuore!” ha risposto lui.
« “Come sarebbe non aveva cuore?”.
« “Non ce l’aveva più. Il cuore gliel’ho mangiato io...” ».
Un silenzio più prolungato. Uno sputo che disegna un cerchio sull’acqua. Due o tre occhiate in tralice.
« Quelli del tribunale non gli volevano credere. Hanno fatto portare il cadavere della donna e hanno convocato un dottore. Il dottore ha aperto il torace e ha detto... ».
Qui ci vorrebbe un’altra illustrazione, con il cadavere bianco, un po’ di sangue che sgocciola, i giudici raccolti tutt’intorno.
«Il dottore ha aperto il torace e ha dichiarato:
« “Ma questa donna non ha il cuore!”.
«Allora hanno capito che il marito aveva detto la verità, e l’hanno condannato a finire i suoi giorni su quest’isola ».
Ho aperto la bocca e ho capito che il marinaio non aspettava altro; a questo punto del racconto era indispensabile aprire la bocca e obiettare:
« Ma come aveva fatto a toglierle il cuore? ».
Questa volta il marinaio si è preso tutto il

tempo necessario e si è sincerato che nessun altro lo stesse ascoltando.
«Gliel'ha tolto... ecco, sì, proprio... proprio passando dalla parte che aveva... peccato... Ecco perché i dottori non si erano accorti di nulla...».
Il vaporetto avanzava, lasciandosi dietro un solco bianco nel mare azzurro e un pennacchio di fumo nero nel cielo. Robinson Crusoe affilava distrattamente il suo coltello. Io sorridevo, quasi senza volerlo, e lui, senza guardarmi, intuiva che stavo sorridendo e si sforzava di non sorridere a sua volta.
Non ci è riuscito. Era più forte di lui. Pur distogliendo lo sguardo, non era capace di restare serio.
«Lo so che non mi crede...».
«Il fatto è che è materialmente impossibile...».
«Ma che materialmente e materialmente! Se le sto dicendo che il marito della donna senza cuore era qui, sulla nave, con i ferri ai piedi, e che è stato lui in persona a raccontarmi tutta la storia...».
A questo punto ha sorriso di nuovo, con aria complice, mi ha strizzato l'occhio ed è andato a sputare un po' più in là.
Tutto qui.

Se la storia della donna senza cuore vi ha lasciato perplessi o vi ha annoiato, vi racconte-

rò la storia dei cugini, perché stavolta posso farmi garante della sua autenticità.
Quando la mia barca è ormeggiata in un porto, la prima occupazione del capitano, una volta gettata la passerella per scendere a terra, consiste nell'appendere un bel cartello, che ci siamo fatti pitturare a Genova, con su scritto: «Vietato salire a bordo».
Se non usassimo questa precauzione, tre minuti dopo aver ormeggiato il ponte sarebbe invaso da una folla di bambini, di ragazzi, di uomini e donne che guardano dappertutto e toccano tutto, con l'aria tranquilla e pacata di chi sta visitando una mostra e ha pagato per entrare.
Ebbene, un bel giorno sono arrivato al Cavo, il porticciolo di un paese di neppure quattrocento abitanti di cui è originario il mio equipaggio. Nel giro di non più di un quarto d'ora, mi sono accorto che, nonostante il cartello, gli uomini a bordo erano aumentati di numero.
Ma non si trattava di curiosi. C'era un ragazzino che stava sbucciando le patate. Un giovanotto, a piedi nudi e con i pantaloni rimboccati, che lavava il ponte con grandi getti d'acqua. Un terzo che riparava le mie reti da pesca come se non avesse mai fatto altro in vita sua.
«Chi è questa gente?» ho chiesto ad Angelino.

« Cugino! » è stata la sua risposta.
« Tutti e tre? ».
« Sì! ».
Sono andato a fare un giro in paese e, al mio ritorno, ce n'erano almeno dieci che lavoravano sulla barca: chi lavava lo scafo, chi riverniciava i cassoni, chi infine era intento a pescare per servirmi una frittura per cena.
« Immagino » dissi « che non siano più tutti cugini tuoi! ».
« Cugino del capitano e del mozzo... ».
È arrivato uno a venderci della frutta e per invogliarci a comprare ha mormorato:
« Cugino del capitano... ».
Arrivata l'ora del pranzo, ho trovato tutti quei cugini sistemati a tavola con l'equipaggio. Preciso che do ai miei uomini una somma fissa per il vitto e che, di conseguenza, i volontari non mangiavano a mie spese, ma a spese loro.
L'indomani, sin dall'alba, due o tre dei miei marinai erano assenti, perché erano andati a trovare le loro famiglie nei dintorni, ma in compenso avevo ugualmente un numero di lavoranti superiore al previsto. A rifarmi il letto, tranquillamente, senza chiedermi nulla, era uno sconosciuto; un altro sconosciuto lavava le espadrilles con il bianco di Spagna, e c'erano sconosciuti dappertutto, compresi alcuni che non avevo visto nemmeno il giorno prima.
« Cugino! ».

Non voglio tirarla troppo per le lunghe, voglio evitare che diventi una litania, la litania dei cugini. Sono rimasto al Cavo dieci giorni, e ogni giorno si è ripetuta la stessa scena. La mia scialuppa di salvataggio è stata riverniciata da persone che non avevo mai visto, e sono andato a pescare con altri sconosciuti, pronti a prevenire ogni mio desiderio.

Una sera ho visto avanzare verso di noi, proveniente dal mare aperto, una barchetta che diffondeva effluvi musicali. Quando si è avvicinata, ho visto cinque, sei, otto uomini armati di mandolini e chitarre, che si erano lasciati sospingere dalla brezza.

«Angelino!» hanno gridato.

E un attimo dopo erano già tutti a bordo, allineati in un'unica fila, e attaccavano una canzone napoletana le cui strofe erano cantate a squarciagola da un tenore in costume da bagno rosso.

«Che succede, Angelino?».

«Cugino! Cugino di me e di capitano...».

Fu una slavina. Il ponte fu preso d'assalto. C'era gente dappertutto, anche sui parapetti e sulle sartie. Il molo era gremito di curiosi, e i miei musicisti, instancabili, suonavano pezzi sempre nuovi.

Come nel caso della storia della donna senza cuore, ci vorrebbero i colori vivaci e il tratto ingenuo delle stampe popolari per dare un'idea della scena. Il tramonto come fondale. In

primo piano un attor giovane dai favoriti neri chino sulla sua chitarra in una posa sentimentale...

Si criticano tanto le cartoline illustrate ma, quando si ha a che fare con il Mediterraneo, le cartoline non mentono, proprio come i più antichi maestri italiani, i primitivi, che dipingevano le figure umane grandi come le case.

Purtroppo la poesia e la musica non riescono a tenere l'uomo lontano da preoccupazioni più terra terra, cosicché, un po' innervosito, ho chiamato Angelino in disparte.

«Senti un po', » gli ho detto «chi pagherà tutta questa gente, non solo i musicisti ma l'intero reggimento che lavora qui da otto giorni?».

«Cugino!» ha risposto lui, sbalordito dalla mia domanda e convinto che la sua spiegazione fosse più che sufficiente.

«Cugino, d'accordo! Ma alla fin fine devono pur guadagnarsi da vivere... Mica lo fanno per amore dell'arte...».

«Cugino!».

«Questi chitarristi, per esempio... Da dove vengono?».

«Da Rio Marina, villaggio dall'altra parte di isola...».

«E dove vanno?».

«Chi lo sa! Disoccupati. Molti è marinai senza lavoro, o meccanici...».

«Si guadagnano da vivere facendo musica?».

«Mangerà con noi... dormirà in barca, vela farà da coperta... domani troverà mangiare in altro posto...».

«E gli altri cugini, quelli che lavorano a bordo?».

«Anche a loro... dar da mangiare...».

Ecco qua! È semplicissimo. Biblico, addirittura. Hanno cugini ovunque. Danno una mano al cugino e il cugino gli cede metà del suo piatto di pasta.

Quando ho voluto dare dei soldi ai musicisti che, per due ore, ci avevano fatto la serenata, loro hanno protestato vigorosamente, e so che la mia insistenza li ha mortificati.

Chiedono da mangiare e da bere, nient'altro. Hanno le scarpe bucate, ma pantaloni bianchi pulitissimi e berretti da ammiraglio.

Dopo aver lasciato la mia barca, sono andati a suonare altrove, in paese, poi ancora in qualche altro posto e, visto che la notte era magnifica, hanno ripreso il mare al chiaro di luna pizzicando le chitarre.

Cugino...

La parola, ormai, non mi suona più come una cantilena, anzi la pronuncio con un briciolo di rispetto.

Non sono un economista ma, con i tempi che corrono, è difficile, quando si arriva da qualche parte, fare a meno di chiedere:

«Di che cosa vive questa gente?».

Qui sono tutti poverissimi: me l'avevano det-

to sin dall'inizio. E ne ho visti, soprattutto giovanissimi, fra i quindici e i ventidue anni, vagabondare sui moli del porto, pescare con la lenza o giocare a bocce. E tutti indossavano pantaloni di un candore impeccabile.
« Di che cosa vivono? Non lavorano? ».
« Lavoro non ce n'è ».
« Ma dovranno pur mangiare! ».
Cugino! E padre! E mamma! Parole che qui, posso garantirvelo, significano qualcosa.
In una famiglia di sei, otto persone, ce n'è sempre una che lavora. Ma, nella maggior parte dei casi, a lavorare è solo il padre, perché le grandi imprese non possono licenziare i vecchi dipendenti.
Tanto basta per assicurare ai figli l'immancabile piatto di pasta. E soprattutto ci sono i cugini. Si va di qui, si va di là. Ovunque si vada, c'è un pezzo di famiglia. E ovunque ci sono una mano da dare, un sorso di vino bianco da bere, una scodella di minestra da mangiare.
Ho fatto la conoscenza di una vecchia signora dai capelli grigi, vestita di grigio, dolce e maliziosa, che parla benissimo francese e inglese.
Vedendola sempre seduta davanti alla soglia di un negozio pieno di bambini, una volta le ho chiesto:
« Sono tutti suoi nipotini? ».
« Sì, ma non sono la loro nonna: soltanto la zia... ».

«Come mai parla così bene il francese?».
«Passo sempre l'inverno a Nizza».
«E l'inglese?».
«Un anno sì e un anno no, sto sei mesi a New York e tre a Boston...».
Nascondeva forse un tesoro, quell'umile negozio?
«A Nizza ho degli altri nipoti, che fanno i parrucchieri... A New York una nipote che ha sposato il proprietario di un ristorante... A Boston...».
Cugino! Ne hanno a bizzeffe, non soltanto in Italia, ma in giro per il mondo. E la mia brava vecchina, che è vedova e senza figli, trova dappertutto la stessa accoglienza.
Un'accoglienza semplicissima, senza sentimentalismi. Non si tratta di carità, né di affetto traboccante.
Si è originari dello stesso villaggio, si appartiene alla stessa famiglia e tanto basta. Ci si scambiano piccoli favori. Non è neppure una questione di riconoscenza.
Hodie mihi, cras tibi...
I primi giorni, quell'invasione della mia barca da parte di tanti sconosciuti mi irritava.
«Ho ingaggiato sei uomini e non un'intera tribù!» brontolavo.
Ero io che mi sbagliavo. Assumendo sei uomini, avevo assunto sei volte sei uomini, sei volte sei volte sei uomini... Tanti uomini quanti

fratelli e cugini avevano i miei sei, e addirittura tanti quanti disoccupati c'erano in paese. E devo aggiungere, a mio disdoro, che non mi hanno mai chiesto niente, che si sono divisi la loro gavetta, e non la mia.
Tanto da farmi vergognare per quel cartello inutile ed egoista.
Ora come ora sono dieci o quindici a lavorare per me, e sono solo sei quelli che pago.
«Cugino» mi fa Angelino presentandomi l'ennesimo sconosciuto. Ormai rinuncio alla pretesa di riconoscerli. Cambiano ogni giorno. Ma che dico? Ogni ora!
Sarà stato per questo che, quando mi sono trovato davanti un paese tranquillo e persone linde e sorridenti, ho osservato:
«Ma qui la gente non è infelice! Di che cosa vivono?».
Vivono delle risorse della tribù, come ai tempi di Abramo! Forse adesso mi obietterete che è diventata una vera e propria fissazione, questa mia tendenza a risalire sempre alla Bibbia. Ma che ci posso fare se solo adesso comincio a capirla?
Comincio a capire la serenità di quegli uomini e di quelle donne che mi hanno sempre turbato, uomini e donne che, durante le lunghe traversate in piroscafo, restano perennemente sul castello di prua, coricati vicino a un argano o avvolti in uno scialle, intenti a mangiare ceci dalla gavetta, o a leggere un

grosso volume di diritto, ad allattare un bambino o a radunarsi, la sera, intorno a un suonatore di chitarra.

Le belle signore della prima classe li guardano dall'alto del ponte e sono scosse da un leggero brivido.

«Come si fa a viaggiare così, con un neonato?».

«Che ne sarà di questi poveretti? Che cosa li aspetta?».

«Di notte, moriranno di freddo...».

Eppure ricordo di averli invidiati quando, certe sere, infagottati alla bell'e meglio in una coperta, si stringevano gli uni agli altri come membri di un'unica grande famiglia. E il neonato passava di mano in mano. Chi si sentiva più al caldo lo prendeva tra le braccia. Nelle burrasche, chi stava meno male si prendeva cura degli altri. Tra l'altro, qualche inserviente o qualche cameriera loro connazionale, dello stesso paese o dello stesso villaggio, portava loro, nel grembiule, gli avanzi della tavola dei passeggeri di prima classe.

Io non li capivo, allora, gli emigranti, o piuttosto li guardavo attraverso il filtro di un cupo romanticismo alla russa.

Oggi la loro sorte non mi spaventa più. Chissà dove vanno. A New York? Nelle miniere di carbone dell'Hainaut o della Ruhr? Nelle grandi filande del Nord?

Qui o là, dovunque vadano, ciascuno di loro ha un cugino, che non si sorprenderà del suo arrivo e gli farà posto a tavola. Ma che dico? È proprio il cugino, il più delle volte, ad averli chiamati.

Noialtri, quando arriviamo in una città straniera, ci troviamo in un grande albergo dove tutto è predisposto per non farci sentire spaesati. È un terreno neutrale, lo stesso in ogni parte del mondo, con lo stesso pulsante per chiamare la cameriera, lo stesso genere di direttore d'albergo, gli stessi piatti e lo stesso genere di portiere in tight.

Gli emigranti, invece, si ritrovano in famiglia, ovunque siano, in quartieri che richiamano alla memoria Genova o Milano, Atene o Smirne.

E in questi quartieri, in America come a Parigi o in Germania, ritrovano perfino l'odore dei loro vicoli, il nome di un cugino sull'insegna di un calzolaio, la torta della prima comunione, insieme agli immancabili confetti argentati, e il funerale con l'accompagnamento della banda.

Volete verificare di persona? Andate a passeggiare, la sera, nei dintorni dell'Hôtel de Ville, a Parigi, e incontrerete tutti i cugini d'Italia. Se invece volete fare un viaggio in Grecia, entrate in un ristorante di rue Cadet a respirare il profumo di moussaka, di agnello alla brace e di foglie di vite ripiene.

Sarà la stessa cosa a Londra. E dappertutto... Il Mediterraneo, quando emigra, porta con

sé i suoi odori, le sue spezie, le sue chitarre e una schiera di cugini...
Ed ecco perché questa gente, quando viaggia in quarta classe, pigiata come un gregge di pecore, non mostra nessuna curiosità e nessuna preoccupazione particolare.
Volevo solo raccontare una storia, per risarcirvi di quella della donna senza cuore, a cui forse non avete creduto. E i cugini mi hanno portato molto lontano, com'era prevedibile, visto che ce ne sono ovunque e che, in questo piccolo villaggio dove mi trovo, arrivano ogni giorno lettere con il timbro di San Francisco o di Honolulu.
Del resto, in Costa Azzurra ci sono inglesi, americani e tedeschi!
Perché mai il Mediterraneo non dovrebbe anch'esso straripare di gente?
Permettetemi di cesellare un'altra immagine. Già, perché stavolta non si tratta di un disegno grossolano sul genere delle stampe popolari, bensì di un'acquaforte a tre colori, secondo il gusto romantico, con tinte quasi sbiadite, alle quali, però, vorrei aggiungere la nota speziata di un rosso carico.
Di sicuro avrete visto delle gondole, se non altro al cinema. E non farete fatica a immaginarvene una mentre scivola lungo i canali levigati e fetidi di Venezia, tra fiori appassiti e palazzi di uno sfarzo agonizzante.
Io mi sono imbattuto in gondole un po' di-

verse da quelle, o per meglio dire in barche che rassomigliano a gondole per via della prua e della poppa slanciate e dell'elegante carena istoriata di arabeschi.

Attraversando l'oceano, può capitarvi di vedere un'imbarcazione a bordo della quale sgobbano trenta o quaranta uomini in cerata e con in testa un cappuccio impermeabile. Ne ho già parlato. Chiedo scusa se mi ripeto.

«... *C'est le vent de la mer qui nous tourmente...*».[1]

Immaginate dunque di imbattervi, lontano dalle coste del Mediterraneo, in una barca sottile, lunga non più di otto metri, che per lottare contro gli elementi non abbia altra arma che i remi!

Lo scafo è lavorato come un gioiello antico. Ogni decimetro quadrato di legno è scolpito e dipinto come quello delle fregate del tempo che fu.

Il colore dominante è il rosso, quel rosso scuro, regale, cui accennavo poco fa, impreziosito da una modanatura color verde Veronese.

Che potrà mai trasportare, su mari solcati da piroscafi a motore, un'imbarcazione come questa, che pare concepita per gli oziosi andirivieni di un doge?

Otto, dieci uomini che sono partiti dalla Sici-

1. «Il vento del mare ci tormenta». È il ritornello di una canzoncina per bambini, *Les trois marins de Groix* [*N.d.T.*].

lia due mesi fa. Sono pescatori. Sotto le panche, in mezzo alle gambe, tengono stipati i palangari e i tramagli.
Dove vanno?
Dappertutto! A casa loro! Nel Mediterraneo!
Dove dormono?
Sulla barca, con la testa appoggiata su una rete, le gambe fra le gambe dei compagni, perché non c'è spazio sufficiente per tutti quei corpi.
Li si vede arrivare in un porto, la mattina. Poco importa da dove vengano. Si incamminano verso il mercato, con in spalla le ceste piene di pesce.
Poi, con le tasche tintinnanti di monete, entrano in un'osteria, si procurano qualcosa da mangiare e, un'ora dopo, li ritroviamo a sonnecchiare, con la pancia piena, sulle pietre calde della massicciata.
La sera sono già ripartiti e non torneranno se non quando le correnti li sospingeranno di nuovo qui. Vanno ancora più lontano, ovunque capiti. Il Mediterraneo è loro, e loro è il sole e i pesci dai colori cangianti.
Le loro barbe crescono. I capelli si fanno irsuti. Hanno teste da pirati, eppure sono delicati come fanciulli.
Vivono alla giornata...
Oggi hanno pescato a sufficienza. Dormono. Forse hanno moglie, figli. I più giovani hanno la fidanzata.

Ma il loro destino è di andare avanti così, per mesi, di dormire ogni notte in una baia ignota, per poi cercare, la mattina, il mercato più vicino.
E del resto, prima che esistessero le strade asfaltate, la Francia non aveva forse gli stessi vagabondi, che erano sicuri di trovare, ovunque andassero, una balla di paglia dove dormire, e non si preoccupavano neppure di sapere il nome del villaggio in cui erano arrivati?
Il Mediterraneo ha serbato i suoi, di vagabondi. I nomadi del mare, per così dire.
Non leggono i giornali. A stento sanno chi li governa. Conoscono solo i venti e fiutano da miglia e miglia di distanza gli approdi riparati.
Li uccideranno, come noi abbiamo ucciso i nostri nomadi. Intendo dire che anche qui, come nel Mediterraneo francese, questi vagabondi finiranno col comprare a credito un motore, firmando delle cambiali.
Non andranno più così lontano, perché la benzina costa cara e avranno comprato a rate anche un tinello.
A meno che, prima di allora, tutti coloro che vendono a rate, tutti coloro che producono mobili in serie non siano falliti, e a meno che i nomadi della terra e del mare non ne siano ridiventati i veri sovrani...
È difficile girare per il Mediterraneo senza filosofeggiare. E filosofeggiando si corre naturalmente il rischio di dire sciocchezze...

5

Se me la fossi inventata, be', credetemi, avrei saputo fare di meglio. Anzi, a dire il vero, forse non avrei mai avuto il coraggio di inventare una storia simile. Avrei cercato qualcosa di meno scontato, di più emozionante. E, in ogni caso, se la cosa non mi fosse davvero successa, mi sentirei mortificato di cavarmela, dopo avervi raccontato tante belle avventure, con questa storiella dell'« acqua potabile che scarseggia ».
Si sa come va questo tipo di storia: un traditore fora le casse dell'acqua potabile, oppure la lunga bonaccia ha esaurito le riserve e l'equipaggio, con la lingua di fuori, si arrabatta a fabbricare distillatori di fortuna per dissalare l'acqua di mare...
Quasi mi vergogno a raccontare che tutto questo mi è appena successo nel Mediterraneo.
Avete un'idea della distanza che c'è tra l'Elba e la Sicilia? È praticamente l'intera lunghezza dello stivale: la tibia, per così dire.
Ebbene, una dozzina di giorni fa abbiamo lasciato l'Elba con la ferma intenzione di raggiungere Messina senza mai fare scalo. Poiché

le consuete provviste d'acqua potabile mi sembravano insufficienti, avevo comprato dieci barili che, rivestiti all'interno – come vuole la regola – di uno strato di paraffina, sono stati poi riempiti d'acqua.
Sul ponte della goletta si udivano rumori inconsueti, che ben più che il mare aperto facevano venire in mente la campagna. Erano i pollastri e i conigli destinati al sacrificio quotidiano.
Aggiungeteci un po' di frutta e verdura, di scatolame e altre conserve, e avrete un bel quadretto di letizia e abbondanza.
Svegliarsi al mattino all'ignaro chicchirichì di un tenero galletto... Vedere la cuoca che, al sole, è già intenta a tritare aglio e cipolla... Un mare di raso cangiante come quello che certe signore eleganti indossavano prima della guerra... Un tuffo nella freschezza di un'acqua senza fondo, e la certezza di tante, lunghe ore vuote che niente potrà turbare, nemmeno il fastidio di un indumento superfluo...
Di tanto in tanto vi capita di inciampare in qualcosa di molle che bofonchia: è un marinaio che dorme in un angolo, discinto, con la bocca spalancata alla stregua dei pantaloni... Un altro, accovacciato, si gratta via col temperino i calli sotto i piedi... Un terzo, dopo aver scavalcato il parapetto, si appende al bompresso per soddisfare direttamente nel mare

terso quei bisogni elementari che, d'un tratto, si ammantano di poesia...
Un giorno, due giorni, tre giorni... In un'appiccicosa beatitudine ho riletto, incominciando forse a capirli, tutti i miei classici greci, e ho già in programma i latini.
Altri tre giorni. Il punto nave ci informa che siamo al largo di Napoli e allora, con lo stesso spirito con cui tanti vanno al cinema, viriamo verso terra. Non per sbarcare, no di certo! Semplicemente per cambiare un po' paesaggio. Si vedono da lontano migliaia di casette in riva alla baia e a destra, proprio là dove dev'essere, il Vesuvio emana il suo fil di fumo regolamentare.
Passiamo oltre. Scende la notte e ci avvolge dolcemente. Si dorme, o non si dorme: non ha nessuna importanza dormire a una cert'ora anziché a un'altra.
Vi ho messo la nostalgia nel cuore? Bene, è arrivato il momento di farvi una confessione: durante queste giornate idilliache siamo quasi sempre di pessimo umore! Devo lasciare di continuo Omero o Aristofane per dare un'occhiata alla banderuola attaccata in cima all'albero maestro. E i marinai fanno altrettanto. Quando i nostri sguardi si incontrano, ci scambiamo sospiri d'intesa.
Non c'è vento! E se c'è è contrario. Immaginate questo immenso cerchio di vuoto intorno a noi. La brezza può venire da qualsiasi

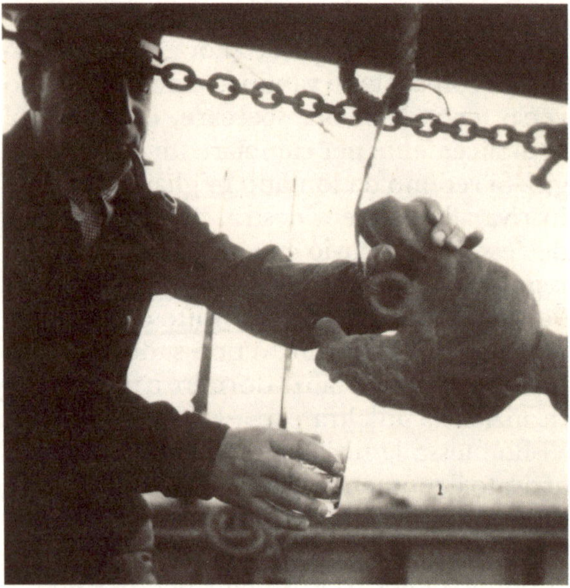

direzione ed esserci sempre favorevole, eccezion fatta per una sottile porzione d'infinito che sta dritto davanti a noi.
Ed è sempre là che si va a cacciare! Non ci rimane altra soluzione che fare dei bordi. Andiamo al largo, fin quasi in Sardegna, e poi torniamo indietro nella speranza di aver fatto un po' di strada.
Ed ecco che rivediamo davanti a noi il Vesuvio che, poco prima, ci eravamo lasciati alle spalle!
Di tanto in tanto, le folate tirano dalla parte giusta per un'ora intera, e ne approfittiamo. I pollastri sono saporiti, i conigli teneri. Siamo giusto intenti a spellarne uno quando, verso le cinque del pomeriggio, i marinai, con l'aiuto di un paranco, tirano su dalla stiva uno dei barili d'acqua potabile.
Sto leggendo e, tra una pagina e l'altra, capto il loro trafficare, così come intravedo il sangue rosso del coniglio. Subito arriccio il naso, alzo la testa, poso uno sguardo severo sulla cuoca e le dico:
«È marcio, quel coniglio!».
«Come sarebbe, marcio?».
«Puzza, che diamine».
«No che non puzza!».
«Se le dico che puzza...».
Forse il mare ha l'effetto di mitigare l'umore di alcuni. Ma a bordo della nostra barca è

proprio il contrario: nessuno sopporta il minimo dissenso.
Il coniglio non puzza affatto. È l'acqua che puzza, e l'equipaggio la sta buttando in mare.
«Aprite un altro barile!» ordino, un po' preoccupato.
Puzza! E puzza anche il terzo! E anche il quarto! Le facce, tutt'intorno, si incupiscono. La nostra provvista d'acqua è avariata.
A meno di un vento miracoloso, ci aspettano ancora tre o quattro giorni di navigazione e, nella vecchia botte ormeggiata sul ponte, non rimangono neanche cinquanta litri di acqua potabile.
Una volta svuotati in mare i dieci barili, c'è qualcuno che ha davvero rischiato di farsi ammazzare di botte: un marinaio che, per lavarsi le mani, con il candore di Ponzio Pilato ha sprecato, come se niente fosse, cinicamente, due buoni litri della poca acqua che ci restava!
«Vietato lavarsi!».
Sono il primo a dare l'esempio. Per i denti mi rimangono tre o quattro bottiglie di Vichy, ma è da escludere ogni altra abluzione, e di radersi non se ne parla nemmeno. Le verdure le laviamo e le mettiamo a cuocere nell'acqua di mare, il che significa che sono stomachevoli e che, in realtà, non sono mai ben cotte.

«Stanotte avremo un po' di maestrale» si sforza di farmi credere Angelino.
Inutile dire che non arriva nessun maestrale, né quella notte né l'indomani né il giorno successivo. In genere, un diversivo è il veder transitare ogni tanto un piroscafo sulla linea dell'orizzonte. Niente! Sembra che si siano messi tutti d'accordo per evitarci, e siamo completamente soli su un mare liscio e stucchevole come zucchero caramellato. A forza di andare alla deriva, non sappiamo nemmeno più con precisione dove ci troviamo.
Ovviamente la situazione non è affatto tragica. Il sentimento che prevale a bordo è la rabbia, una rabbia fredda, che spinge due persone a non potersi incontrare sul ponte senza scambiarsi sguardi livorosi.
Se Angelino mi dice:
«Domani, maestrale...», non sorrido più, non faccio neanche più spallucce. Urlo:
«Non è vero! E tu, per prima cosa, faresti meglio a conoscere il tuo mestiere! Proprio così! Se uno è marinaio, dev'essere capace di prevedere il vento che farà. Dov'è andata a finire la coscienza professionale, Cristo santo!...».
Giuro che non pagherò mai i barili al commerciante, anzi, forse gli chiederò anche i danni per non averci messo abbastanza paraffina. Ne ho fatto perfino segare uno, di barile, per poter dimostrare che il lavoro era stato tirato via.

Ho ragione! E il fatto di aver ragione mi fa infuriare ancora di più. Anche vedere per tre o quattro volte di seguito quello stramaledetto Vesuvio mi fa infuriare, perché invece vorrei finalmente scorgere lo Stromboli, suo fratello: questo proverebbe che un po' di strada l'abbiamo fatta.
Mi incaponisco. *Voglio vedere lo Stromboli!* Cinquanta volte al giorno scrutiamo l'orizzonte e ognuno di noi crede di intravedere qualcosa.
E pensare che, quando si passa da queste parti con la nave, ci si imbatte regolarmente nello Stromboli. Le «Istruzioni nautiche» che ho in dotazione mi garantiscono che nelle giornate limpide il vulcano è visibile da cento miglia di distanza e che di notte il suo pennacchio rosso illumina il mare tutt'intorno.
Eppure passano due giorni, tre giorni senza lo Stromboli; e alla fine non lo vedrò affatto! Vi rendete conto? Una bella sera scorgiamo un bagliore che significa che siamo già oltre. Dio solo sa da dove siamo passati!
Non un alito di vento. Le correnti ci sono contrarie. Lo so come andrà a finire: torneremo verso il Vesuvio. Allora, furibondo, faccio mettere in acqua la barchetta a motore che uso per pescare. È notte. C'è un'onda lunga molto fastidiosa. Il motore ci mette due ore a partire. A quel punto, passo fieramente davanti alla goletta e la prendo a rimorchio.

Sembra un'idiozia. Una rondine che si tira dietro un aeroplano. Però intanto la barca alla fine si muove. Alla velocità di un nodo. E per raggiungere Messina che, col suo faro perfettamente visibile, è là di fronte a noi, ci metteremo un giorno e una notte.
Per un'intera settimana, nelle ore più calde della giornata, tutti sospiravano:
«Ah, Messina! Come sarebbe bello mangiare una cassata!».
A quanto pare sono i gelati più buoni del mondo. E allora ci precipitiamo. Ne mangiamo una, ne mangiamo due, tre, e la notte abbiamo tutti mal di pancia. L'indomani la sola vista di una pasticceria o di gente che mangia il gelato ai tavolini di un caffè ci dà la nausea.
Quand'ero piccolo potevo leggere come tutti gli altri, perché non ero ancora del mestiere e assaporavo i libri con assoluto candore.
Allora ho giurato di non scrivere mai per *quelli che già sanno.*
Mi spiego. Uno scrittore, tanto per fare un esempio, va in America. Torna e scrive un libro sull'America. Probabilmente ci aspettiamo che cercherà di darci una sua idea del paese che ha visitato.
Macché! Generalmente chi torna dall'America scrive un libro *per quelli che ci sono andati prima di lui.* Non sa resistere alla tentazione di fare sottili allusioni che possono essere

colte soltanto dagli iniziati, di servirsi di parole ignote al comune lettore, in modo tale che quei pochi francesi che hanno fatto lo stesso viaggio commentino con un sorriso malizioso:
« È proprio così. Ci è stato davvero, in America... e anch'io! ».
Lo stesso succede per molte altre cose, comprese le barche. Perfino il grande Conrad, se non sei un lupo di mare, andrebbe letto con un dizionario o un manuale di navigazione di lungo corso a portata di mano.
Dicevo, dunque, che ho giurato di...
Ebbene, è un giuramento difficile da mantenere! Ci vuole una certa dose di eroismo. Me ne rendo conto oggi più che mai, essendo arrivato davanti a una delle grandi porte del Mediterraneo, che è anche una porta del mondo e della Storia.
Ieri sono passato fra Scilla e Cariddi. E ho la tentazione di cimentarmi, su questo argomento, in una pagina poetica infarcita di erudizione.
Sarebbe più facile che dirvi: lo stretto di Messina è... è uno stretto, ovviamente! Da una parte c'è la Sicilia, con una città tutta bianca e l'Etna sullo sfondo del cielo. Dall'altra parte c'è la Calabria.
Ma è soprattutto – ed è sempre stato – il confine tra due mondi. Fino a Messina siete più o meno a casa, e le cose hanno ancora il

loro valore, le parole come la luce, i colori come i sentimenti.
Oltre Messina, a dispetto della Grecia, è già un'altra cosa, è il Mediterraneo avanti Cristo, è l'Oriente, i popoli in marcia, le razze in pieno fermento.
Immaginate adesso, all'ingresso dello stretto, due correnti contrapposte, le famigerate correnti di Scilla e Cariddi, che creano turbolenze tali che il mare assume l'aspetto di un calderone. Gli stessi piroscafi riescono a passare solo con grande precauzione.
Ora, è di qui che sono venuti i Fenici, e poi i Greci... e passando per di qua la cultura è arrivata in Occidente...
Pensate, allora, ai negri del Ciad che, fra qualche secolo, indicando ai loro figlioletti le postazioni lungo le piste dei mezzi cingolati, diranno:
« È di qui che... ».
Non sono altro che due vortici sull'acqua calma e iridescente dello stretto, e tutt'intorno i pescatori danno la caccia al pesce spada come se il mare non fosse mai servito a nient'altro.
Ho forse infranto il mio giuramento? No, perché non vi ho parlato di Archimede che, da una montagna che riesco a scorgere da qui, ha dato fuoco alle navi con uno specchio, né di Ulisse, né...

Ho lasciato Messina l'altro ieri e stanotte sono arrivato a Siracusa. Se leggete i racconti dei viaggiatori del passato, dall'antichità fino a Marco Polo, troverete sempre, a proposito di un porto dell'Asia Minore o di una qualsiasi città dell'Estremo Oriente, frasi come queste:

«... Abbiamo avvistato allora una grande città, affollata di templi e di fastosi palazzi... Il suolo era pavimentato, quasi dappertutto, di pietra e di marmo. Nei mercati si ammassavano prodotti d'ogni genere e una folla ben vestita andava e veniva, mentre a ogni crocicchio musicisti e giocolieri incantavano l'orecchio e lo sguardo... L'aria era rinfrescata da fontane di mirabile fattura... Bianchi colombi volteggiavano fra i passanti... All'ombra dei giardini, coppie di innamorati...».

Insomma, l'immagine stessa della prosperità e della gioia di vivere. A creare questa impressione sono soprattutto quei gran mucchi di cibarie, i musicisti, e la folla ben vestita che non ha niente da fare... E poi c'è anche la faccenda delle fontane e degli innamorati...

Mentre scrivo devono essere le dieci del mattino. La mia barca è ormeggiata lungo una passeggiata a mare che sbocca in un giardino. Nel giardino c'è una fontana, o per meglio dire una sorgente naturale che forma una specie di laghetto in cui, da secoli, vivono pesci dalle squame argentate, cefali che guizzano tra ventagli di papiri.

Ma queste, direte voi, sono cose che si trovano dappertutto. D'accordo! Ma aspettate di sentire il resto. La passeggiata è lunga un chilometro abbondante. Una fila di panchine pitturate di verde da un capo all'altro, con non più di un metro di spazio fra panchina e panchina.
Bene, da un'ora buona sono tutte occupate. Le persone che sono venute a sedersi, giovani e vecchi, uomini e donne, non hanno in mano un libro né un lavoro di cucito, sono esseri umani senza nessuna preoccupazione all'infuori di quella di godersi l'ombra lasciando vagare lo sguardo sulla superficie scintillante del golfo, sorvolata da aerei che ronzano come mosche.
E non è tutto. Lungo la passeggiata ci sono due caffè, ognuno con il suo dehors e il suo giradischi. Ebbene, da circa un'ora i due giradischi spandono senza sosta ondate di musica languida che, scontrandosi tra loro, formano piccoli mulinelli sonori che nessuno oserebbe mai definire cacofonici.
Tutto qui.
Devo solo aggiungere che anche quando sono arrivato, all'una del mattino, i giradischi erano accesi; le panchine erano per lo più occupate, e i dehors dei caffè...
A quanto pare questa animazione è comunque destinata a finire fra non molto, verso mezzogiorno, perché il caldo è opprimente e

tutti si ritireranno a dormire dietro le persiane chiuse.
Verso le quattro ricominceranno...
Ecco perché mi sono dilungato sulle descrizioni fatte da viaggiatori antichi e moderni che hanno visitato il Mediterraneo e l'Oriente.
Case e palazzi, templi e strade lastricate, mercanzia e lusso sono cose che si trovano anche al Nord, a Parigi, Londra, Amsterdam, Berlino, Oslo.
Quel che voglio evidenziare è la gente che va a zonzo, i musicisti e i giocolieri, l'ombra dei giardini, gli innamorati... È un profumo, una mollezza, un ritmo...
Nondimeno qualcuno mi ha detto:
«È per via della crisi, capite? Prima, al posto dei due giradischi, c'erano due orchestrine, una maschile e una femminile, che suonavano a cento metri l'una dall'altra. Quando le donne attaccavano un tango, gli uomini suonavano un pezzo jazz...».
Ci sono anche tre cinematografi. In qualsiasi altro posto un cinema è un cinema, cioè qualcosa con un carattere industriale molto pronunciato.
Qui invece ricorda un circo greco o romano. No, non sorridete. Un vasto spazio all'aperto, circondato da staccionate appena riverniciate. Sul davanti, un frontone, un sipario e un palcoscenico sul quale si potrebbe rappresentare Aristofane.

In qualsiasi altro posto, poi, le parole « spettacolo continuato » emanano un forte odore di prodotto industriale.
Qui invece significano che si entra e si esce, si va su e giù per la sala, si va al bar a mangiare un gelato o a bere una limonata, o nel giardino a fare l'amore.
La cosa più importante è che fa fresco. Sopra c'è soltanto il blu scuro del cielo tempestato di stelle. Nelle prime file siedono gli ammiratori della cantante, delle tre ballerine creole e dell'incantatrice di colombi, così sensuale e morbida.
Sembra che Hitler... Ho appena letto i giornali, cosa che non accadeva più da tre settimane. Sembra anche che ad Amsterdam...
Che notizia spaventosa! Talmente spaventosa che le persone che incontro non ne sanno pressoché niente. Ci sono soltanto poche righe, sui loro giornali, e per il resto, be', per il resto... Non so di che cosa parlino. Non so che cosa mai possa interessare a queste centinaia di persone che, a quest'ora, siedono sulle panchine del lungomare, mentre i giradischi si danno battaglia.
Eppure mi hanno indicato certi uomini, qua e là, con il naso rotto dei pugili o con la faccia segnata da cicatrici.
« Sono dei gangster! » mi hanno detto con un sorriso.
Non scherzavano mica. Quasi tutti i gangster

che hanno fatto tremare Chicago e l'America intera sono originari di qui, hanno mangiato la cassata a questi tavolini all'aperto e hanno guardato i pesci che guizzavano nella fontana dei papiri.
Adesso che in America bere alcolici non è più proibito, sono tornati a casa. Vanno a spasso come gli altri. E, come gli altri, sono disoccupati.
Capite? *Dei disoccupati prima dell'invenzione della disoccupazione.* Gente che non fa niente perché è bello non far niente o piuttosto perché è inutile fare alcunché.
«Ma» direte voi «quei monumenti, quelle strade pavimentate di mosaici, quelle fontane, quei...».
Ovvio, hanno pur dovuto costruirli! Mi basta alzare lo sguardo per scorgere un tempio greco del X secolo a.C., una chiesa di gusto forse meno squisito ma elaboratissima, costruita nel VII secolo della nostra èra, e una quantità di case del Rinascimento dove i poveri di oggi vivono ancora sotto volte affrescate degne di figurare nei musei.
Che cosa dimostra, tutto questo? Che gli abitanti di questa città hanno lavorato?
Ma neanche per sogno! Tutto questo dimostra che è venuta a lavorare qui gente da fuori, arrivata di propria spontanea volontà o condotta in schiavitù.
Ed è forse questo il segreto del Mediterraneo.

Arrivi da un posto o dall'altro, dalla Gallia o dall'Armenia, dalla Macedonia o finanche dall'Ungheria. Sei giovane e forte, e per di più sei un poveraccio. Allora lavori.
Solo che tuo figlio, o magari tuo nipote, impara a vivere e, invece di lavorare lui stesso, fa lavorare quelli che arrivano a loro volta dalle più remote lande barbariche.
Probabilmente è questo il senso della parola aristocrazia.
Ed ecco perché possiamo dire che tutti gli abitanti del Mediterraneo sono aristocratici.
Sono alcune centinaia, al momento, le persone che stanno a guardare il mare con in sottofondo un accompagnamento musicale e a fantasticare al fresco come i turisti inglesi o americani che hanno sgobbato dieci anni per permettersi poche settimane di vacanza nel Mediterraneo.
... E non sono nemmeno capaci di godersele!

6

Nell'arrivare qui, ho provato sensazioni talmente composite che non credo di riuscire a definirle. Ho percorso il Mediterraneo in lungo e in largo, e ora ne scopro l'ombelico. Perché se il Mediterraneo ha due porte, Gibilterra e Suez, il suo ombelico è Malta, e anche questo appartiene agli inglesi.
Sulla carta la cosa non mi turbava eccessivamente. Ma da quando sono qui provo un certo disagio...
Malta la scorgi da molto lontano, perché, emergendo dall'azzurro del mare, appare come uno scoglio splendente picchiettato da rade macchie di vegetazione. Ma che meravigliosa vegetazione! L'isola non ha né sorgenti né fiumi né ruscelli. Un tempo non c'era nemmeno la terra! Soltanto sassi arroventati dal sole!
Gli alberi che crescono oggi, i campi di frumento, i giardini non hanno messo radici nella terra maltese, ma in quella che velieri come il mio hanno portato a tonnellate dalla Sicilia.
Io seguo la loro rotta. E quando si cominciano a scorgere i particolari della costa, vedo

spuntare ovunque dei cannoni, in cima a mura di pietra o negli anfratti tra le rocce.
Le navi che escono dal porto non sono più golette dalla prua scolpita, ma torpediniere e sottomarini che battono bandiera britannica.
Certo, ci vengono incontro barche variopinte per venderci mercanzie di ogni genere, ma le case sul molo hanno insegne in inglese e le strade sono sorvegliate da *policemen* in divisa color cachi.
Si sa che ogni popolo ha le sue colonie. A due passi dalle piramidi ho visto policemen londinesi dirigere il traffico intorno al «loro» campo di aviazione, mentre i trimotori dell'Imperial Airways volteggiavano sopra le teste mummificate dei faraoni.
Non so perché la cosa non mi ha fatto lo stesso effetto. Comincio a conoscere un po' questo mare in cui me ne vado alla deriva, fiducioso. Conosco tutti i popoli che vivono attorno a esso. Ieri ero in Italia e di recente ho fatto il giro delle isole greche. Ovunque, e fino in Asia Minore e alle Baleari, ho trovato gli stessi popoli indolenti, forse stanchi di aver scritto da soli, per secoli, la storia del mondo.
Ed eccolo lì, nel bel mezzo del Mediterraneo, lo scoglio di Malta, a picco sul mare: sulla carta non mi faceva nessun effetto, mentre ora mi appare come un simbolo incongruo, come una realtà ancora più incongrua.

Gli inglesi mi piacciono in Inghilterra. Li ho visti colonizzare spavaldamente l'Africa Centrale e guardare i negri in un modo così altezzoso che sembravano non vederli.
Ma qui, Dio mio, siamo nel Mediterraneo! E questa gente che viene colonizzata con la stessa alterigia, con la stessa boria, è la stessa che ha portato qui la terra di Sicilia, sono i figli di quelli che hanno costruito il tempio di Minerva, il Partenone, fondato imprese fin nel cuore dell'Africa – anche loro, e molto tempo fa! –, i figli di quelli che, per procurarsi il bronzo per le statue e per le armi, andavano alla ricerca di stagno in un'isola nebbiosa, popolata da selvaggi che non si chiamavano ancora inglesi!
Faccio male a parlare così, lo so. E allora peggio per i popoli che si rammolliscono. I maltesi hanno dimenticato il loro passato e, ormai abbrutiti, assaltano la mia barca senza alcuna vergogna, esattamente come gli arabi di Porto Said e gli armeni di ogni dove.
Masticano dieci lingue senza parlarne nessuna. Mi offrono benzina, gasolio, provviste, una scialuppa, canarini, ma anche distrazioni più piccanti.
Eppure, che posso farci?, mi dà fastidio vedere un uomo venuto da Londra, con tanto di divisa e manganello, disperderli con sovrano disprezzo.
Quando eserciti vincitori violentavano le don-

ne, almeno si rimaneva in famiglia! Napoleone era lì accanto, su un'isola simile a Malta, e si perpetuava l'antico fermento mediterraneo.
Oggi, nel bel mezzo del Mediterraneo, c'è un'isola dove si parla una lingua che non affonda le radici nelle sue coste, dove si gioca a giochi sconosciuti che si chiamano golf e bridge, e dove si mangia scatolame venuto dal Nord.
Bisogna essere qui per capire queste cose e per sentirsi il cuore gonfio al pensiero che un'altra razza colonizzi oggi coloro che da millenni hanno vissuto tra lo Ionio e Cartagine.
Naturalmente le strade sono più dritte, le cisterne più solide e i palazzi più alti di uno o due piani.
E, come mi diceva un maltese la notte scorsa: «Se il porto è pieno, lo sono anche le nostre tasche!».
Pieno di torpediniere, di corazzate, di sottomarini, pieno di uomini venuti da lassù che fanno andare avanti il commercio.
Mi dicono che André Maurois se n'è andato da qui proprio quando sono arrivato io. Scriverà senz'altro delle cose molto profonde su questo argomento che io, invece, affronto quasi balbettando. So che è stato ricevuto nei club, queste fortezze britanniche che sorgono un po' dappertutto in città. Gli ufficiali che vengono qui per passarci due anni con lo

stesso spirito con cui passano due anni tra i negri o tra gli indiani gli avranno sicuramente sciorinato le loro confidenze.
Io mi vergogno un po' a confessare quello che ho fatto.
Io... io ho passato le mie notti a correre dietro alle donne come un qualsiasi gatto randagio se ne va in giro per le strade deserte di una città.
Vi interessa lo stesso?

Da Narbona a Nizza, lungo tutta la costa, le case di tolleranza non fanno granché per nascondersi, anzi si nascondono così poco che di notte sfoggiano lanterne accese con tanto di insegna. Né si nascondono quelli che entrano, e il commesso viaggiatore, a fine giornata, va a fare un'ultima partita a carte con il suo miglior cliente circondato da ragazze in sottoveste.
A Nizza c'è un vero e proprio palazzo stracolmo di marmi, di ferro battuto e... di specchi.
A Genova, a Napoli, a Messina si entra la sera nella frescura di una casa salendo una scala di pietra e, varcata la soglia, si può godere della più amabile intimità.
Si susseguono dieci, quindici saloni; i corridoi non si contano. Da qualche parte suona un grammofono e ci sono giovani e uomini maturi che fanno su e giù con una sigaretta tra le labbra.

Viene quasi da chiedersi che ci stiano a fare, lì.
Negli sguardi non c'è nessun imbarazzo. Negli atteggiamenti niente di equivoco. Fuori fa caldo. La casa è fresca. Il tabacco è dolce. La gente va da un salotto all'altro. C'è una vera e propria processione di belle donne, generalmente nude sotto i vestiti.
Gli uomini che le incrociano protendono la mano, quasi a voler saggiare che i seni siano sodi e i ventri elastici.
Non sono carezze rubate, gesti lascivi come avviene di solito in società. Del resto, in ogni epoca le cortigiane hanno sempre goduto del massimo rispetto.
Ogni tanto una coppia sparisce dietro una porta che si chiude e non c'è nessuno che ne sorrida o che si scandalizzi.
Forse mi sbaglio, ma i bordelli dell'antichità io me li immagino proprio così.

Ad Atene è arrivato il progresso e una donna matura dai capelli argentati ti riceve in un salotto confortevole e ti mostra un pannello.
Una grande cornice di legno scolpito contiene delle fotografie disposte con cura. Fa pensare a un quadro in cui compaiono in ordine di merito gli ex allievi di una scuola o i veterani di un'azienda modello.
Sono foto di donne. Accanto a una c'è scritto: «Aspasia, ventun anni, bruna, alta e ben fatta,

affettuosissima». Accanto a un'altra: «Lelia, ventisei anni, robusta, appassionata e autoritaria». Insomma, si sceglie da un catalogo.

A Istanbul, dove pur senza esserci si è ancora nel Mediterraneo, si è sollevata un'ondata di pudore, ma nei vicoli del quartiere di Galata si possono trovare ancora case malfamate. Una camera che dà sulla strada. La porta aperta. Una tenda sollevata.
Quando è abbassata significa che dentro c'è un cliente e allora bisogna aspettare.
Una decina di anni fa un decreto dittatoriale ha stabilito che la prostituzione era proibita, ma che le prostitute regolarmente schedate da molti anni avevano il diritto di esercitare il mestiere fino al loro ultimo giorno di vita.
Per questo ci troverete solo donne tra i quaranta e i sessant'anni, anzi, la maggior parte di loro è più vicina ai sessanta...

Porto Said, Alessandria, Il Cairo... Interi quartieri... Una fiera, un bazar...
Si passeggia come altrove si passeggia intorno al gazebo dove suona la guardia municipale o la fanfara della guarnigione. Sugli usci si chiacchiera con donne seminude e ci sono terrazze dove si beve il caffè turco e si fuma il narghilè immersi in un caldo sentore di cosce.
C'è la via delle negre a due franchi, quella delle ebree e delle armene a cinque franchi,

la via delle tedesche, quella delle italiane e delle greche, e per finire la via aristocratica delle francesi a venti franchi...
Alle due del mattino il quartiere è animato come i Grands Boulevards in pieno giorno e nessuno prova la minima vergogna se, preso dal demone della carne, passeggiando placidamente e palpando qui e là, cerca la donna dei suoi sogni...

A Barcellona...
Tutti i bisogni della natura umana fanno bella mostra di sé, e gli efebi fanno concorrenza alle donne...
Ovunque, nel Mediterraneo, da est a ovest, da nord a sud, la stessa naturalezza contraddistingue il compiersi di un gesto così semplice...
Altrove, lassù, tra le brume, popolazioni tristi e concrete sono diventate arcigne e hanno deciso che...

Non venite a fare l'amore a Malta se non siete viziosi. Eppure anche qui, come in Italia, in Grecia, in Turchia e in Spagna, c'è un esercito di ragazze convinte che «l'atto carnale» non sia un disonore.
Solo che qui, all'angolo delle strade, ci sono i policemen, uomini prelevati dalle rive del Tamigi per imporre il pudore nel Mediterraneo.

Questo significa che non si fa l'amore e che tutti i marinai sbarcati qui dalla Gran Bretagna vi ritornano illibati? No! Ecco perché sono furibondo, offeso, umiliato e triste.
« ... *Je ne fais plus l'amour en cage...* », non faccio più l'amore in gabbia, recita una vecchia canzonetta.
Qui non si fa più l'amore al sole! Non si fa l'amore come lungo le sponde del Mediterraneo.
Si fa l'amore come a Londra e nei porti nebbiosi.

Tanto per cominciare si chiamano « music-hall », teatri di varietà: per mettere subito in chiaro che a pensar male si fa peccato.
I music-hall si chiamano Rexford, Happy Return bar, Union Jack, Derby... insomma, nomi tipicamente inglesi.
Certe strade sono piene zeppe di questi locali, dalle cui porte, sorvegliate dai soliti policemen, traboccano flussi di musica.
Non dimentichiamoci che, dopo aver passato in mare tre o cinque settimane, il marinaio ha una sola idea in testa: trovarsi in compagnia di quell'essere meraviglioso che chiamano donna.
E invece no! Entra in una di queste fabbriche legalizzate. Donne ce ne sono, di tutte le razze: gli si presentano, lo chiamano « tesoro » e si siedono al suo tavolino.

HAPPY RETURN
HAPPY RETURN
MUSIC HALL
HAPPY RETURN
MUSIC HALL

« Mi offri qualcosa? ».
E allora avanti con le consumazioni, due, quattro, sei, avvolti dal fumo e dal chiasso. Il locale è pieno. Si balla. L'alcol ispira movenze scomposte e risse tra amici fraterni.
Quanto alla donna...
La donna è lì solo per consumare. Al massimo offre un ginocchio o un fianco ben tornito alla carezza del suo vicino di tavolo.
Non può uscire. Deve restare fino all'orario di chiusura.
Il poveraccio se ne va da un'altra parte, trova una nuova amichetta che gli scrocca altri quattro o cinque bicchieri, dopodiché, barcollante, bussa a un'altra porta...
« Mi prendi un panino? ».
La paga ormai se l'è giocata, e gli resta solo la voglia, amplificata dal troppo bere.
« Vieni con me!... ».
« Non posso... ».
C'è sempre un policeman là fuori, a testimoniare che tutto avviene con il massimo decoro.
Ed ecco il nostro uomo per strada, sempre da solo, ossessionato dalla sua idea fissa, con la vista appannata e lo stomaco in subbuglio.
Passano delle donne, ma nemmeno a loro è concesso fare l'amore. Il policeman è sempre là!
Allora...

È successo anche a me. Potevano essere le due del mattino. Mi si avvicina un tizio, con aria di mistero.
« Bisogno di una signorina? ».
A parlare è un maltese.
La semplice parola « bisogno » è un capolavoro di sottigliezza! Gli inglesi, infatti, non hanno mai « bisogno ».
Non ho ancora risposto che si ferma una carrozza tirata da un cavallo. Il mio uomo fa scendere il cocchiere e ne prende il posto. Usciamo dalla città, attraversiamo delle campagne buie e dopo una mezz'oretta arriviamo in una specie di quartiere periferico. La carrozza rallenta, fa un primo giro su se stessa, poi un secondo e un terzo.
« Dove andiamo? ».
« Shh... » sibila la mia guida con fare sempre più misterioso.
Si è appena tolto il dito dalle labbra che due donne, sbucate da chissà dove, saltano sulla carrozza che parte al trotto. Non riesco a vederle bene. Devo chinarmi per riuscire a scorgere una ragazza di diciotto anni, una popolana dal volto anemico, e accanto a lei la madre.
Non sorridono. Non dicono una parola. Restano lì, immobili e spente come se stessero in tram; il cocchiere alla fine si gira a guardare e, forse preoccupato che mi inibisca il fatto di

stare all'aperto, chiude le tendine laterali della carrozza.
Allora la madre tende la mano per farsi dare dei soldi, dopodiché si mette a contare i penny.
« Per una? » chiede.
Non voglio né la madre né la figlia. Sono tristi e miserabili. Il cocchiere, che probabilmente non sente il rumore a cui è abituato, ferma la carrozza e scosta un po' le tendine.
« Non le vuole? ».
« No, grazie! ».
« Signorina diciotto anni ».
« Non me ne frega niente! ».
Lui è offesissimo, anche perché la ragazza è sua sorella e la vecchia naturalmente è sua madre.
« Bella signorina? ».
« Le ho già detto che non me ne frega niente! ».
Le ho fatte scendere. Sono rientrato in città. Mi si avvicina un altro cocchiere.
« Bisogno signorina? ».
« Dove vuoi portarmi? ».
« Bella signorina, diciotto anni... ».
« In che quartiere? ».
« Messina! ».
Ma io da lì venivo! Capite? In tutta la città ci sono solo quelle due! Nel frattempo il policeman inglese continua a stare di guardia davanti a un locale dove i marinai bevono al-

colici in compagnia di ragazze con cui non andranno mai a letto.
Forse per questo bevono. Non c'è nient'altro da fare.
A Genova, a Napoli, ad Atene, a Porto Said si accontentavano di gelati, limonata e caffè turco.
Ma potevano far l'amore senza doversi nascondere in una stretta carrozza!...
A un angolo di strada due ragazzi mi fanno strani cenni, poi, visto che non capisco, mi mandano baci con la punta delle dita...
Anche loro, immagino, bisogna caricarseli in carrozza e...

Insomma, nel bel mezzo del Mediterraneo c'è un'isola con i cannoni puntati verso i quattro punti cardinali e con padroni che vengono dalle rive piovose della Manica.
Sono dei colonizzatori!
E non aggiungo altro. Non ce l'ho con loro.
Se fossi negro non mi piacerebbe affatto veder colonizzare altri negri. Se fossi cinese, rischierei la pelle per far ripulire Shangai.
Ma poiché navigo nel Mediterraneo, mi limito a non sentirmi a mio agio nell'ombelico del Mediterraneo, e mi affretto a impartire ordini per far ripartire la mia barca domani stesso.
E mi auguro che le donne continuino a vestirsi a lutto!

THES

7

L'altro giorno, mentre la mia barca veniva ormeggiata a un molo di legno e un gruppetto di arabi e di negri si dava da fare sotto un sole accecante, caricando orci sulle chiatte e scaricando dalle tartane panieri colmi di sabbia che poi trasportavano sulla testa, intanto che altri lasciavano fare il bagno nell'acqua profonda a dei cavalli grigi o si bagnavano loro stessi – mia moglie ha puntato candidamente la macchina fotografica su quella piccola folla.
Allora un arabo, uno scaricatore che portava un semplice panno annodato intorno ai fianchi, lo ha scostato e, con un sorriso smagliante, ha esibito davanti all'obiettivo i vistosi attributi del suo sesso.
Benvenuti a Tunisi!
Solo la settimana scorsa me la sono presa perché a Malta degli inglesi sbucati dalla nebbia pretendono di colonizzare le genti del Mediterraneo.
Non mi sbagliavo: non è certo a Malta, vi assicuro, che tra gente del posto e pallide Miss quell'organo idolatrato presso tutte le civiltà

del mondo continua a essere trattato con superba noncuranza.
Qui niente nebbia! Proprio no! C'è un sole splendente che vi entra nel midollo e ci sono persone, migliaia di persone, che vanno e vengono, si sdraiano per terra, si addormentano, si siedono nell'acqua, mangiano quello che trovano, bevono nel cavo della mano, saltano sul tram senza pagare, vi chiedono due monete e ve ne rubano dieci, vi chiedono qualunque cosa e si fanno beffe di voi nella loro lingua; uomini che arrivano dal deserto per cambiare aria o che vi ritornano per vedere se lì fa meno caldo, che si accoppiano con le puttane europee o con le figlie di Maometto, con i ragazzini o con le capre, senza distinzione, solo per sentirsi vivi, che sollevano l'abito bianco per pisciare – e intanto vi guardano con aria di sfida –, o per fare le abluzioni rituali con una gravità da pontefici, uomini che hanno il diritto di entrare nelle nostre chiese e di ingravidare le donne bianche, ma che vi sgozzerebbero come maiali se solo vi azzardaste a insozzare la loro moschea o a stringere fra le braccia una figlia dell'Islam...
Malta? Adesso ne parlo con la condiscendenza che ostenta, parlando di un barone dell'Impero, un gran signore il cui albero genealogico risale a san Luigi.
Qui siamo tra gente del Mediterraneo, gente

che scrive la Storia da tanti di quei secoli da averla dimenticata. E quindi...

Il bey è arrivato l'altro giorno dopo un magnifico viaggio in Francia! Ed era lui stesso magnifico!

Innanzitutto, prima di partire, ha chiamato nel suo palazzo una vecchia che predice il futuro. La vecchia si è messa a piangere, a supplicare Sua Altezza di rinunciare a quell'avventura e, visto che lui insisteva per saperne di più, gli ha detto che la sua nave si sarebbe spezzata in due.

Il bey si è grattato la barba, una bella barba grigia, poi ha ordinato a un ufficiale del suo seguito di sbattere la strega in prigione.

È partito lo stesso.

Ma alla partenza c'è stata una discussione. Arrivato al molo d'imbarco, ha visto il piroscafo su cui doveva imbarcarsi, il *De Grasse*, e ha cominciato a protestare.

«Voglio un incrociatore!».

«Ma non abbiamo incrociatori che...».

«Voglio un incrociatore!».

Il bey non è giovanissimo, ma è testardo come un bambino, e il presidente generale ha sudato sette camicie per farlo salire a bordo del *De Grasse*.

A Marsiglia, quando è venuto il momento di imbarcarsi per il ritorno, al bey per poco non è venuto un colpo.

«E questa sarebbe la mia nave?».
Un volgare postale! Un piroscafo ancora più piccolo del *De Grasse.*
«Certo non ci metterò il mio augusto piede...».
«Ma, Altezza...».
Alla fine sono riusciti a convincerlo.
Ma non è finita lì! Al largo è scoppiata una violenta tempesta e hanno ballato parecchio.
Al che, sua Altezza ha pensato alla vecchia sbattuta in galera e...
Si è sentito male.
Anche noi, chi più chi meno, poiché a Tunisi leggevamo i bollettini meteorologici e la radio ci informava dell'angoscia del bey.
Immaginate se la nave si fosse veramente spezzata in due, immaginate se, in un modo o nell'altro, la strega avesse avuto ragione... Detto fra noi, non sono affatto sicuro che saremmo ancora vivi! Anzi, sono convinto del contrario!

Ho detto che l'accoglienza era stata magnifica. Bandiere ovunque. Tappeto rosso. La stazione marittima trasformata in salone da ricevimento.
Sulla banchina le autorità francesi in uniforme bianca gallonata.
Un po' più in là i principi, che sono una trentina, in redingote nera e con il fez in testa, le scarpe alquanto consumate.

Ancora più defilati, gli ufficiali di palazzo, uomini che per un sì o per un no diventano generali, e indossano uniformi che ormai si vedono solo al cinema.
E infine la folla dietro le cancellate, un brulicare di arabi che gridano, ballano, suonano strani strumenti.
Vi assicuro, senza ironia, che era uno spettacolo straordinario.
E tuttavia non sono assolutamente capace di spiegarvi perché né di farvi percepire la grandiosità che emanava da quelle tenute variopinte.

Come ho già detto, siamo due vecchie razze, e ciascuna in una data epoca storica ha dominato il mondo; due razze che sanno quel che c'è da sapere, quel che bisogna e non bisogna credere.
Messe l'una di fronte all'altra, capirete che c'è poco da scherzare! Si dicono le cose che è opportuno dire, si fanno i discorsi che si devono fare, si osserva il protocollo, ma in fondo ognuno se la ride sotto i baffi.
La grande nazione che...
La potente razza che...
Qual è la più forte tra le due? Non lo so. Forse la più antica. È difficile dire, quando vediamo due scimmie, chi ha insegnato all'altra a fare le smorfie.
È un ex aequo! Vi avranno di sicuro racconta-

to che in Turchia, prima della rivoluzione, c'era un'usanza che da sola basterebbe a dimostrare quanto fossero civilizzati i turchi, un'usanza che va sotto il nome di *bakchich*.
«Ti serve una decorazione, una licenza doganale, una concessione agricola, un impiego qualsiasi? Che coincidenza! A me serve appunto qualche migliaio di franchi...».
Ammettetelo: non c'è ragione di dare qualcosa per niente.
Un giovane arabo di nobili origini mi raccontava:
«Mi sarebbe piaciuto diventare caid, ma è troppo caro».
«In che senso caro?».
Un caid è una specie di prefetto, ma riscuote anche le tasse.
«Venticinquemila franchi!».
«Per chi?».
Beata ingenuità!
«Per... per quelli che mi faranno nominare... Visto che venticinquemila franchi io non ce li ho, mi sceglierò un posto sui diecimila...».
E non crediate che ne sia scandalizzato, anzi, la trova una cosa naturale. Come un principe trova naturale dichiarare a un residente straniero:
«È seccante, ma ho ancora dei debiti».
«Debiti? Nonostante i millecinquecento franchi che le verso tutti i mesi?...».
«Ahimè, sì! Se lei potesse fare qualcosa...».

Naturalmente i debiti vengono pagati. Perché lui saprà rendere qualche piccolo servigio...
Ma, soprattutto, non fatevi trarre in inganno! Non vi è in ciò niente di infamante! Non ho mai visto qualcosa di più nobile dell'arrivo del bey, nonostante le redingote non proprio nuove e i principi a millecinquecento franchi l'uno.
È una questione di dignità e disinvoltura. E qui sono tutti dignitosi e disinvolti.
Perfino i mendicanti, consapevoli che un certificato di povertà costa una trentina di franchi durante la bella stagione ma può arrivare a cinquanta nella cattiva...
Nel villaggio ci sono dei veri eroi: francesi che, vestiti con stoffe dai colori sgargianti, attraversano il deserto, a cavallo o in groppa a un cammello, fino agli estremi confini, capi indigeni fieri come nei romanzi di Walter Scott e popolazioni nomadi i cui membri sono belli come antiche divinità.
Un misto di Bibbia e *Odissea.*
Nelle nostre città, invece, san Giuseppe e Telemaco sarebbero ridicoli.
Per dire: nel palazzo del bey c'è una sala del trono. E un trono, uno vero, che è una specie di poltrona Luigi Filippo rivestita di velluto rosso. Sopra, un cartello: « È proibito sedersi sul trono ».
Vi giuro, e parlo seriamente, che anche que-

sto ha una sua nobiltà. Solo che bisogna capire...

Bisogna capire questa particolare nobiltà. Un esempio. Di recente è stato qui un gigolò francese in compagnia della sua vecchia e danarosa protettrice.

Erano a cena con un giovane arabo dal nobile portamento.

All'improvviso, in seguito a non so più quale battuta di lei, il nostro gigolò avverte la necessità di mettere in riga la sua amante, come ogni gigolò che si rispetti di tanto in tanto deve fare per mantenere il proprio prestigio.

E parte la scenata. Giù schiaffi e ciabattate. L'arabo guarda annoiato, pensa alla nobiltà della sua razza e alle leggi della cavalleria.

Allora, in un francese impeccabile, esclama: «Non posso tollerare che si picchi una donna dinanzi a me: è un'azione infame».

Poi, in un arabo altrettanto impeccabile, dice al gigolò:

«*O'drob!... O'drob!... O'drob!...*».

Che significa:

«Dacci dentro!... Dacci dentro!...».

Ora forse cominciate a capirlo, il Nord Africa.

Ma sentite quest'altra!

Nel palazzo del bey oltre al trono ci sono dei gabinetti all'occidentale. Un bugigattolo identico a quelli dei comuni mortali, con una

tazza detta «all'inglese», ovvero in porcellana e di forma ovoidale.
L'unica differenza è che non ha una tavoletta di castagno o di mogano. Sulla tazza è poggiata un'asse – con un buco, ovviamente! – tappezzata di velluto rosso con delle frange.
Una cosa che trovo opportuna, perché la dignità è una cosa importante...
... Ci sono poi dei riti ai quali ogni viaggiatore deve sottoporsi. E io mi ci sono sottoposto, sicché stanotte ho visitato il quartiere delle prostitute con una combriccola di simpatici tunisini che ormai ci hanno fatto il callo, dal momento che in pochi mesi hanno accompagnato lì Carco, Paul Reboux, Montherlant, Bedel, José Germain, Kessel e altri ancora...
Quanto è difficile trovare qualcosa di nuovo, vero?
Ci sono due quartieri delle prostitute, l'uno accanto all'altro, con le stesse stradine larghe un metro e gli stessi locali con le porte che si chiudono appena il cliente è entrato.
Il primo quartiere è popolato di donne cosiddette bianche: ebree, greche, italiane, francesi... Gli arabi vanno e vengono nei vicoletti, entrano ovunque, trattano la tariffa, fanno quello che devono fare e se ne vanno... Ci sono anche dei bianchi...
Il secondo quartiere è riservato alle donne arabe e lì...

Anche in questo caso le strade sono strette. Le case sono bianche, e la luna le tinge di riflessi argentei. Al posto delle porte ci sono dei cancelli e dietro ogni cancello si snoda una scala di pietra.
Le donne se ne stanno sedute sui gradini, placide e sorridenti, a volte addirittura tre generazioni, la figlia, la madre e la nonna ormai sdentata.
Nel quartiere numero uno la gente parla, gesticola, forma capannelli, è tutto un vociare cui spesso si mescola anche la musica di un grammofono.
Nel quartiere numero due regna la quiete. I vicoletti sono deserti.
Solo qualche arabo in gandura cammina rasente i muri. A volte se ne intravede uno addossato a un cancello dietro il quale si distingue la sagoma di una donna.
Può starsene lì anche per una, due ore. Si sorridono. Parlano poco, con voce melodiosa.
Si fanno letteralmente la corte, e solo dopo un bel pezzo l'innamorato entrerà e scomparirà, insieme alla sua bella, lassù in cima alle scale, in una stanza intonacata a calce dove altre quattro o cinque donne se ne stanno seraficamente distese su dei divani.
Noi ci siamo limitati a passarci davanti. Quei cancelli non li abbiamo varcati. Non ne abbiamo il diritto.
Perché, come ho già detto, se i nativi sono li-

beri di andare a letto con le nostre donne, a noi è severamente proibito toccare le loro. Ma che dico toccare! Per strada non possiamo nemmeno guardare il loro viso, dato che è nascosto da un velo nero.

Finirò col credere che gli dèi hanno decretato la morte di un uomo solo per offrirmene lo spettacolo.
Sono stato un'unica volta, proprio stanotte, nel quartiere delle donne arabe. Eravamo in pochi e camminavamo in silenzio. La notte era tersa e l'atmosfera, checché ne pensiate, era pura come quella di un convento, o meglio come quella di una moschea, dove entrando ci si toglie le scarpe.
Abbiamo sentito un grido. Un grido? Neanche. Un lamento soffocato, timido, un lamento che sembrava non voler turbare la pace della notte.
Un uomo vestito di bianco ha fatto qualche passo, barcollando, ed è crollato ai piedi di un muro immacolato come le sue vesti.
Altre figure si sono avvicinate, insieme a noi, gente del posto a cui la notte conferiva un'aria ieratica. Ci siamo chinati sul ferito senza dire una parola.
L'uomo a terra, a cui un altro aveva appena tagliato la gola con una coltellata, perdeva tutto il sangue che aveva in corpo, tanto di

quel sangue che la camicia, da candida che era, era diventata di un rosso corrida.
Nessuno ha gridato. È arrivato un poliziotto, senza fretta. Ha chiesto:
«Chi è stato?».
Gli hanno indicato un arabo che se ne stava lì come pensando a tutt'altro.
Sotto le finestre vicine, davanti ai cancelli che proteggono le scale di quelle donne, c'era chi continuava a mormorare poesie d'amore. La vista del sangue non faceva scemare il desiderio agli uomini che passavano.
«È morto?».
Più morto di così! Aveva la bocca aperta e gli occhi fissi al cielo. Un cavallino arabo si è infilato nel vicolo trainando una specie di barella. Il morto è stato issato là sopra con la testa in giù.
«Tu, vieni con noi» ha detto il poliziotto all'assassino.
Ed è finita lì. Il gruppo ha attraversato l'ovattata riservatezza del quartiere e ha raggiunto le grandi strade piene di tram e bistrot. La vita continuava.
A una finestra abbiamo scorto una ragazza appena adolescente e uno di noi le ha chiesto quanti anni avesse.
Non ha capito subito. Si è dovuta sforzare per concentrarsi sul concetto stesso di tempo e poi si è messa a ridere.
«Non lo so...».

Gli arabi non sono così ingenui da mettersi a contare gli anni. Quando spuntano i primi peli vuol dire che si ha l'età dell'amore.
Quando arrivano i primi capelli bianchi significa che si ha l'età della saggezza.
E chi ha perso tutti i denti capisce di essere decrepito.
Il resto non conta. L'uomo è morto, nessuno si domanda perché, nemmeno la polizia: forse stava corteggiando una fanciulla e un nuovo pretendente ha ritenuto che la facesse troppo lunga.
Qualcuno scuote la testa guardando la bocca aperta, gli occhi vitrei, la camicia tinta di un rosso vivo.
È così facile, quando un uomo viene a mancare, farne un altro!
Sono tornato a bordo. Intorno alla mia barca c'erano uomini che dormivano, stesi su mucchi di sabbia e di ghiaia. Alcuni dormivano in coppia, maschi con maschi: evidentemente sono convinti che su questa terra ci sia gente a sufficienza.
Altri, in piena notte, portavano il cavallo o l'asino a fare il bagno.
A meno di due chilometri da dove siamo si possono quasi scorgere dei beduini, arrivati da sud con tre cammelli e cinque somari, qualche donna e qualche bambino.
Si sono ammassati sotto un paio di tende fatte di vecchi stracci.

Chissà se sanno di preciso di chi sono le donne e i bambini. Ma che importa. Hanno visto passare il bey vestito di bianco, i principi in redingote nera e i francesi in alta uniforme. Sono contenti, tanto più che nella ressa sono riusciti a rubare qualche portafogli.
E uno di questi giorni torneranno a sud senza neanche sapere se la Tunisia è un protettorato, una colonia o un impero, e senza sospettare che migliaia di persone si stanno arrovellando chiedendosi se si potrà o no esportare il vino, se bisognerà sradicare le vigne, se si potrà far entrare il grano in Francia o bisognerà bruciarlo, se...
Ma cosa volete che gliene freghi...
Tutti questi problemi, sapere, per esempio, se ci sarà o meno una costituzione e di che tipo, vanno bene per i giovani arabi con gli occhiali, quelli che sono andati a studiare sul continente e che hanno preso sul serio gli insegnamenti ricevuti.
Hanno persino fondato dei giornali! Che dico! Si sono messi a scrivere articoli di economia politica come se oggi da qualche parte esistessero ancora un'Economia e una Politica.
A proposito, devo ricordarmi di chiedere se hanno rilasciato la vecchia strega (vi ricordate, quella che ha predetto che la barca del bey si sarebbe spezzata in due) o se la lasceranno marcire in prigione per punirla di essersi sbagliata.

8

Comincio quest'articolo nel porto di...
Ve lo dirò tra poco, prima vorrei raccontare un paio di aneddoti, nella speranza che strada facendo non perdano freschezza come capita alla frutta.
A pochi chilometri da Tunisi, affacciato sul golfo, c'è un villaggio orientale che ha conservato intatto il suo fascino: si chiama Sidi Bou Said. Su una roccia a picco sul mare ci sono alcune dimore discrete e silenziose dove i caid possono ancora vivere nel lusso e nel mistero.
Ho percorso i vicoletti disperando di riuscire a renderne la strana grazia, poi, arrivato in cima a una collinetta, da un'altura verdeggiante che si tuffava nel mare, ho puntato sul paesaggio – in mancanza di meglio, e soprattutto in mancanza di un vocabolario poetico adeguato – una volgare macchina fotografica.
A quel punto un tizio mi ha dato un colpetto sulla spalla e mi ha detto con gentilezza:
« È proibito, signore! Difesa nazionale! ».
Metteteci il sole, lo spaesamento, le ore passate nei suk sul ciglio della strada in mezzo ai beduini. Alla fine uno si intontisce. Ho guar-

dato il mio interlocutore con un misto di curiosità e di rispetto. Ho avuto dei dubbi sulla lingua da usare per rispondergli. Poi, parecchio confuso, ho balbettato:
«Ah, be'... Ah, be'...».
Lo zelante capomastro italiano, incaricato di far rispettare la difesa nazionale sul territorio francese, mi ha fatto capire che non ce l'aveva con me e ha perfino aggiunto:
«Buonanotte, signore».
Buonanotte, signore! Due giorni dopo la mia barca era ormeggiata nel porto di Biserta. Oltre questo porto, in un lago salmastro, sono schierate le nostre navi da guerra. Ho pensato ingenuamente che con la mia barchetta a motore avrei potuto circolare senza problemi.
Neanche per sogno! Sotto terra si costruiscono cose straordinarie, serbatoi di gasolio e di non so che altro, che saranno al riparo dalle bombe e da tutti i pericoli della «prossima guerra».
Quindi voi capite che non può avvicinarsi nessuno...
Tranne, beninteso, gli operai che eseguono i lavori in questione.
Che sono italiani o maltesi!

Più invecchio e più trovo che il mondo funzioni in modo meraviglioso. C'è ancora qualcosa che non sia stato inventato per il bene dell'umanità?

Poiché c'è gente straricca che sente la necessità di perdere denaro nel modo più emozionante possibile, sono stati inventati i casinò e la borsa. I casinò significano abito da sera o smoking, cene di gala, sala privata, personale di gran classe, atmosfera elegante e tutta la messinscena necessaria, un gergo speciale, onori speciali, sigari e trafiletti sui quotidiani...
Ci sono altre persone straricche a cui il gioco non interessa e che hanno invece la mania di fare l'amore da mane a sera, per così dire.
Ne conosco alcune che si recano ogni anno in certe isole del Pacifico dove il clima è ideale e tutto è predisposto al loro piacere.
Anche laggiù sono previsti la messinscena, i comfort e il resto...
Ma c'è altra gente straricca che non ha niente da fare nella vita e a cui non interessano né il gioco né le donne. Ho conosciuto dei tipi così la settimana scorsa e sono rimasto stupefatto, proprio come ogniqualvolta mi accade di scoprire una nuova forza della natura.
Sappiamo forse chi li ha inventati, i casinò? Non credo. Tutti e nessuno. Un interesse comune ha riunito un certo numero di persone, ed è stato creato lo scenario giusto.
I più insaziabili hanno scoperto, come guidati dall'istinto, gli amori hawaiani...
Ed è stato forse un altro istinto misterioso a

riunire in questo angolino di terra chiamato Hammamet gli uomini che vi ho incontrato.
Dal punto di vista strettamente geografico Hammamet è un piccolo villaggio arabo, in riva al mare, fra Tunisi e Gabès. La costa è bassa. Un'ampia spiaggia di sabbia chiara, case bianche sotto il sole, una moschea, una caserma, qualche artigiano che fa vasi o sandali sulla soglia di casa.
Sullo sfondo palme e uliveti.
Niente lasciava presagire che Hammamet potesse avere un ruolo qualsiasi nella storia del mondo, e invece ora so che in certi ambienti, che sia in America, in Cina, in Svezia o in Scozia, è sufficiente pronunciare quel nome per avere subito un'aria da iniziati.
Hammamet è la mecca della pederastia!
Non sto inventando niente. È proprio questa l'espressione che hanno usato parlandomi di Hammamet, e ora so che non esageravano.
Così come alcuni ricconi hanno deciso, di comune accordo, di perdere il loro denaro a Deauville e a Cannes e non altrove, altri si sono riuniti in una specie di mistico convegno ad Hammamet.
Solo che è qualcosa di molto più discreto, perché si tratta di un culto ben più raffinato dello chemin de fer o della roulette.
Fra le palme e gli ulivi sono spuntati diversi palazzi, per lo più in stile orientale – mi han-

no assicurato che lo stile orientale per queste cose è l'ideale.
Non ci sono locali notturni né balere. Un solo albergo, ma così signorile che sembra una residenza privata.
Il mare è bello, la sabbia bionda, la gente del posto malinconica e silenziosa.
Per andare al casinò ci si mette l'abito da sera. Nelle isole del Pacifico, a quanto pare, si va in giro nudi, con addosso una cintura di fiori bianchi.
Ad Hammamet, per le strade, si scelgono abiti chiari e decorosi, ma nei palazzi si preferisce l'ampia gandura araba che conferisce un'aria regale.
Qui non mi viene in mente la Bibbia, bensì l'antica Grecia, e non lo dico con ironia. Questi uomini vengono da molto lontano. Nei loro paesi d'origine, in Norvegia, in Australia, nei Balcani, sono dei gran signori. Alcuni di loro portano nomi illustri.
Si sono lasciati tutto alle spalle! Li si vede passeggiare, calmi e ieratici, nei giardini dei loro palazzi, come tanti Socrati. Solo certe sere li si può incontrare fuori di casa – ma di solito è troppo buio –, mentre, acquattati nell'ombra, spiano l'uscita dei soldati.
I giocatori danno nell'occhio perché tra loro ci sono dei bari, persone che si rovinano in modo squallido e alla fine si sparano.
Anche gli innamorati danno nell'occhio, e

non riescono a fare a meno di raccontare a tutti le loro storie.
I pederasti di Hammamet, invece, sono così discreti da sembrare legati da un vincolo sacro.
Non manca niente a quella mecca, nemmeno una vecchia dama inglese, molto distinta e aristocratica, amica di tutti, che vive lì, non si sa perché, in compagnia della giovane segretaria.
Eppure è successa una disgrazia, ad Hammamet, ma vi consiglio di non parlarne, se doveste capitare laggiù. La giovane segretaria ha fatto la conoscenza del segretario di un gran signore scandinavo. Sono entrambi venuti meno alle loro funzioni. Al punto di incontrarsi, una notte, in un luogo appartato per fare una cosa inimmaginabile, ad Hammamet, cioè per... eh sì, per fare l'amore!
Sono passati già due anni. Ma Hammamet non ha ancora dimenticato l'oltraggio.

In ogni porto ci sono piloti, ufficiali portuali che, quasi tutti, sono stati capitani di lungo corso. Se arrivate di notte in rada, una scialuppa accosta e il pilota salta a bordo. Allora, quasi sempre, vi accorgerete, non senza stupore, del suo accento bretone.
«Quimper?».
«No, Saint-Malo».
«Ha navigato molto?».

«Vent'anni con Bordes...».
Se non sapete che cos'è Bordes, scordatevi di passare per degli esperti di navigazione. Ve ne parleranno anche all'altro capo del mondo e, credetemi, quando ve ne parleranno, non potrete far altro che levarvi tanto di cappello.
Fino a qualche anno fa Bordes era una compagnia francese che possedeva novantanove grandi velieri (la centesima imbarcazione di una compagnia appartiene di diritto allo Stato).
E questi velieri a tre, quattro e cinque alberi ogni anno si dirigevano, oltrepassando Capo Horn, verso il Cile e i porti del Pacifico.
Gli equipaggi stavano via un anno o due, talvolta anche più a lungo. Una traversata durava un'eternità e al ritorno sarebbero mancati all'appello alcuni uomini...
«Vent'anni per Bordes!» dice il pilota che vi guida nel porto di Tunisi, di Biserta o di Bougie.
In genere questi capitani non si adattano alla navigazione a vapore e finiscono i loro giorni facendo un lavoro di tutto riposo.
Quando gli dite: «Brutto tempo» vi fissano con i loro occhi chiari e trasognati e vi fanno completamente passare la voglia di parlargli della piccola tempesta che avete appena affrontato.

Ma perché vi sto parlando di Bordes e dei suoi velieri? Ah sì, era nel porto di...
Non ne citerò il nome, e presto ne capirete la ragione. Prendiamo un porto del Mediterraneo dove le onde non superano mai i tre metri, dove la temperatura è clemente e le barche arrivano con cadenza regolare, a ore fisse, come i tram.
Il pilota era salito a bordo, di notte, per guidarmi al largo, e io avevo chiesto:
« Bretone? ».
« Sì ».
L'uscita dal porto procedeva lentamente. Avevo riempito due bicchieri di liquore.
Di solito quello è il momento di ascoltare delle storie, e così, per rompere il ghiaccio, avevo mormorato:
« Bordes? ».
« Sì ».
Nient'altro! Eravamo solo io e lui, sul ponte immerso nell'oscurità, accanto al timoniere che manovrava con estrema cautela.
Ogni tanto un ordine:
« Un quarto a dritta... Un quarto a manca... ».
Ero mortificato, mi dicevo che avevo di fronte un tipo scorbutico o che il mio uomo non vedeva l'ora di andarsene a dormire.
« Ancora un bicchiere? ».
« Se vuole ».
Niente da fare. Mi ha stretto la mano ed è sce-

so nella sua barca dopo avermi indicato la strada.

La sera seguente stavo entrando in un altro porto e a bordo c'era di nuovo un bretone.

«Viene da X? Chi è stato il suo pilota?».

«Non lo so, non un gran chiacchierone, in ogni caso!».

«Allora era Tizio».

«È malato di fegato?».

La voglia di scherzare mi è passata presto, ve lo assicuro, e sono arrossito come uno che avesse appena pronunciato una battuta di cattivo gusto.

«Ha mai sentito parlare del *Françoise*?».

Il nome della nave me lo sto inventando per non rivelare quello vero.

«No...».

«Era sulla rotta del Cile, una nave di Bordes. Un bel quattro alberi. Lo comandava proprio il suo pilota di ieri...».

«E quindi?».

«Intorno al 1900 il *Françoise* è colato a picco nei pressi di Capo Horn...».

Il mio interlocutore ha abbassato la voce e anche io vorrei poter scrivere queste righe con un inchiostro speciale, un inchiostro pudico.

La barca avanzava dolcemente nel canale e di tanto in tanto un ordine del pilota interrompeva le nostre confidenze:

«Un po' a dritta... Avanti tutta...».

Poi, in un mormorio che sapeva di acquavite:

«... Erano in sei in una scialuppa, senza viveri, senz'acqua. Sono andati alla deriva per ventotto giorni in pieno oceano...».

Il respiro del Mediterraneo ci arrivava, dolce come l'alito di una ragazza, e io ripensavo al pilota taciturno del giorno prima.

«... Hanno dovuto bere la loro urina... Tranne uno, che si è ostinato a bere l'acqua di mare e il terzo giorno è morto... In quei casi qualunque cosa è meglio che bere l'acqua di mare...».

Del mio pilota non vedevo altro che il profilo e la brace rossastra della sigaretta.

«Un po' a manca... Avanti tutta!... A quell'epoca se n'era parlato abbastanza, ma sempre con grande discrezione, perché sono cose che è meglio non raccontare... Non vi ha detto niente, vero?».

«No, niente».

«Neanche a noi... Parla poco... Per intere settimane è un uomo normale, abbastanza allegro, poi all'improvviso gli prende il magone, come una febbre, e può restare anche per diversi giorni senza aprire bocca... Noi che sappiamo lo lasciamo tranquillo...».

«Dopo che cosa è successo?».

«... Ora glielo dico... Erano rimasti in cinque, tra cui un inglese... È stato un caso... La nazionalità non c'entra niente... Andavano alla deriva da giorni e giorni senza scorgere un fumaiolo o una vela... Alcuni deliravano».

L'uomo al timone fingeva di non ascoltare, ma ne percepivo il respiro pesante.
« È successo quello che doveva succedere... L'inglese era il più debole... Gli altri volevano vivere... ».
Ho girato la testa dall'altra parte e ho detto: « L'hanno ucciso? ».
Ma il mio pilota ha scosso il capo.
« Non è così che funziona... Nessuno mangia nessuno... Insomma, voglio dire... ».
So bene che c'è gente che parla di queste cose ridendo. Ma non quando si è in mare, su una barca che da un momento all'altro potrebbe...
« Gli hanno reciso un'arteria, all'inglese... ».
Il pilota si è interrotto.
« A dritta! Porco cane! Attenzione alla boa... ».
Davanti a noi si dispiegava la ghirlanda di luci di un porto africano.
« Hanno bevuto, capisce? Non c'era nient'altro da fare, e l'inglese sarebbe morto comunque... ».
E abbiamo bevuto anche noi, un bel bicchiere di acquavite.
« E lui non ne parla mai? ».
« Mai. Neanche agli amici più intimi. Alcuni non hanno saputo tenere a bada la curiosità e hanno avuto la faccia tosta di chiedergli com'erano andate le cose, ma lui ha fatto finta di non capire... ».
« E l'hanno passata liscia? ».

«Li hanno ritrovati, mezzo morti, sul fondo della scialuppa, dove erano rimasti ad agonizzare per ventotto giorni... Cosa volete che... Attento! Ecco, attracchiamo dietro questo vapore olandese».

Quella stessa sera, per puro caso del resto, ci siamo ubriacati insieme, il pilota e io, in un night-club dove le ballerine ungheresi venivano a sedersi al nostro tavolo e, come fanno tutte le puttane del mondo, si mettevano in testa il mio berretto per poi guardarsi allo specchio. Fate la prova! Entrate in un qualsiasi locale di quel tipo con un berretto da marinaio e vedrete.

Io pensavo all'altro pilota, che ha una bella casetta e tre figli, uno dei quali sta per laurearsi in giurisprudenza.

Pensavo alla scialuppa, nella quale erano stati in cinque, compreso l'inglese, fra acqua e cielo...

Ecco un'altra espressione che tante volte usiamo senza pensarci...

E mi sono ricordato che il giorno prima, per rompere il ghiaccio, gli avevo parlato di Hammamet e dei suoi strani abitanti!

Hammamet! Immaginatevi quanto poteva interessare la storia di Hammamet a quell'uomo!

Quando, due giorni dopo, ho ripreso il mare, avevo perso la mia abituale disinvoltura, e

non mi vergogno di dire che ho fatto gli scongiuri.
Volevo raggiungere, sulla costa occidentale della Sardegna, un porticciolo chiamato Carloforte. I venti contrari mi hanno praticamente costretto a fare dietrofront e, alla fine, dopo aver trovato riparo in una piccola insenatura deserta, sono arrivato a Cagliari, sulla costa sudorientale della Sardegna.
È da Cagliari che sto scrivendo, mentre un gruppo di giovani completamente nudi nuota intorno alla mia barca.
«Venite da Biserta?» mi hanno chiesto al mio arrivo. «Allora tutte le persone a bordo devono passare la visita medica. A Biserta la peste è endemica...».
Questa è una verità burocratica. Ci sono porti che godono di cattiva reputazione. A Dakar e a Matadi c'è la febbre gialla. A Biserta, vada per la peste!
«Siamo pronti» ho detto io.
«Non oggi! È domenica. Il servizio di quarantena verrà domani. Nel frattempo, divieto di abbassare la passerella e scendere a terra».
Siamo rimasti in mezzo al porto, come su un'isoletta malata. E il caso ha voluto che alla mia cameriera venisse un po' di febbre, per via di un'indigestione.
La mattina è arrivato il medico, non ci ha nemmeno guardato e ci ha dichiarato idonei a scendere a terra.

Per fortuna non si è accorto della cameriera, altrimenti rischiavamo di restare lì in osservazione per quaranta giorni tra cielo e mare... come... come...
Ma preferisco non pensare più alla nave di Bordes, al pilota, all'inglese – e vi consiglio di dimenticare anche voi questa storia.

9

Per molto tempo sono stato amico di una persona che inizialmente presentavo come si deve:
« Il signor Tal dei tali ».
Poi, chinandomi verso l'interlocutore o la padrona di casa, sussurravo:
« È il più stravagante e simpatico mascalzone che io conosca! ».
Era vero, e il mio amico riscuoteva sempre un grande successo. Lo stesso successo, insomma, di cui godevano fino a poco tempo fa alcuni paesi e di cui altri continuano a godere.
Vi dicono, con l'aria d'intesa di chi vi stia dando l'indirizzo di un bordello:
« Vuole un consiglio? Vada in Spagna! È tutto a buon mercato. E, soprattutto, c'è Barcellona! ».
Quest'estate in Spagna era pieno di inglesi e americani.
E mi torna in mente una scenetta a cui ho assistito pochi anni fa, quando la sterlina era la regina dei mercati. Al Théâtre des Champs-Elysées, che all'epoca era all'apice del suo splendore, davano una serata di gala con poltrone a centoventi franchi.

Mi sembra ancora di vedere quei due inglesi (o americani, chi se lo ricorda più), tutti impettiti nei loro abiti da sera. Una maschera li accompagna alla prima fila, dove prendono posto con un sospiro di sollievo, e si mette ad aspettare con la mano aperta.
Uno dei due inglesi si fruga nelle tasche, tira fuori una moneta da cinquanta centesimi e gliela porge flemmatico.
« Credo che si stia sbagliando » sussurra lei diplomaticamente.
« Niente affatto! ».
« Allora la ringrazio. Forse le possono tornare utili ».
Restituisce i soldi e se ne va con sussiego. E l'inglese, con aria persino più sussiegosa, infila i cinquanta centesimi nel portamonete, si stravacca sulla poltrona, allunga le gambe e si prepara a godersi beatamente lo spettacolo.
Evidentemente anche a lui dovevano aver detto:
« Va in Francia? Stia attento! I francesi sono i più stravaganti e simpatici mascalzoni che ci siano al mondo ».
Sicché, fin dal primo giorno, ha preso l'abitudine di mettere i piedi sui sedili del treno.
Cercavo per l'appunto un'immagine che precisasse la mia idea, e credo di averla trovata.
Ci sono due specie di paesi: quelli dove si mettono i piedi sui sedili e quelli in cui un'idea simile non vi sfiorerebbe neanche.

Ecco! Fino a pochi anni fa in tutto il Mediterraneo si potevano mettere i piedi sui sedili. A patto di essere ricchi, ovviamente.
E quindi c'era gente ovunque. Frequentare simpatici mascalzoni è riposante. Con loro non ci si formalizza, e inoltre il confronto giova non poco all'autostima. Prendiamo un piccolo borghese inglese, un negoziante olandese, uno scandinavo o ancora meglio un agricoltore dell'Ovest degli Stati Uniti.
In vita sua gli sarà pur capitato di sentir parlare della Grecia, di Roma, di Pompei. E così un bel giorno decide di andare a visitarle. Non fa in tempo a sbarcare che una banda di ragazzini cenciosi comincia ad accapigliarsi per gli spiccioli che getta a terra.
Il nostro agricoltore yankee gonfia il petto! I facchini si precipitano e lo chiamano Eccellenza, in albergo un gentiluomo, che è conte o marchese, si presenta e gli propone di cenare in compagnia della sorella contessa...
Non è straordinario? Il fattore si gonfia, si gonfia, e assume un'aria condiscendente, ogni tanto prende qualcuno a calci nel sedere, perché non c'è motivo di formalizzarsi, ed è così spassoso.
Ci si è talmente abituato che ormai, dopo alcuni mesi di vita austera nel suo austero paese, sentirà la necessità di trascorrere le vacanze in luoghi in cui ogni tanto si può prendere qualcuno a calci nel sedere...

I luoghi, per altro, cambiano. Così come esiste un listino di cambio internazionale, esiste anche un listino della dignità dei popoli. Non lo si trova nella quarta pagina dei giornali, ma a quanto pare lo conoscono tutti ugualmente, giacché, ora un po' più a est, ora un po' più a ovest, troviamo sempre le stesse persone con i piedi sui sedili.

A questo proposito, è successo un fatto al quale probabilmente in Francia non si è prestata troppa attenzione, ma del quale, nel bel mezzo del Mediterraneo, io ho apprezzato tutto l'interesse, e forse anche l'importanza storica.
Vi ho già parlato di Malta, che è una specie di tana della flotta inglese. Capita che la flotta se ne vada a spasso lungo coste che non le appartengono per far ammirare le sue torrette blindate e i suoi cannoni rilucenti come coltellini svizzeri.
Due settimane fa, mentre la loro imbarcazione era ancorata piuttosto lontano dalla terraferma, tre ufficiali di Sua Maestà decidono di farsi un giro.
Salgono su una motovedetta fiammante e si dirigono verso la costa, che guarda caso è quella dell'Asia Minore.
I nostri tre inglesi fendono sereni le acque, quando dalla costa parte un'intimidazione.

Ma chi potrebbe mai avercela con loro? Se la ridono, e avanzano imperterriti!
« Vietato accostare! » gli grida un doganiere.
Agli occhi di un ufficiale di quella flotta di stanza a Malta vi assicuro che può trattarsi solo di uno scherzo.
« Non ci rompere le scatole, buffone! » deve avergli detto nella sua lingua.
« Se accostate sparo... ».
Ha perfino un fucile, quel turco! E dopo le intimazioni, si mette a sparare in aria.
Tocca insegnargli con chi ha a che fare? I tre ufficiali si preparano a sbarcare quando...
Pum! Pum! Pum! Un morto e un ferito! Il turco, come un qualsiasi policeman di Londra o di Hull, ha fatto semplicemente il suo dovere.

Nelle alte sfere non riescono a crederci. Una parte della flotta riceve l'ordine di incrociare il più possibile vicino alle coste turche, mentre i diplomatici contattano Ankara e pretendono delle scuse.
Perché ci sono paesi che si scusano anche quando qualcuno è andato a pestargli i piedi.
Ho esordito dicendo che forse l'incidente ha un'importanza storica: ditemi se non è così.
Mustafa Kemal si è rifiutato di presentare le sue scuse!
E la flotta inglese, dopo aver atteso invano per diversi giorni una risoluzione accettabile, se n'è andata a spasso da un'altra parte.

So bene cos'è successo, perché anch'io ho visitato la costa turca, e sono stato a Istanbul, ad Ankara e dal ghazi in persona. La vicenda potrebbe offrire lo spunto per un trattatello intitolato: *Dell'arte di non farsela più addosso.*

Il primo provvedimento di Mustafa è sembrato quanto mai curioso: ha proibito ai turchi di portare quel cappello rosso a forma di stampo per dolci che sta così bene sui pacchetti di sigarette. Allo stesso tempo ha pregato le signore di camminare per strada senza mettersi un velo nero davanti alla faccia.

«Che scandalo!» hanno protestato gli stranieri. «Vogliono cambiare la Turchia!».

Certo! Così le giovani Miss che sbarcavano qui non avrebbero più potuto scattare, per strada, quelle foto così «pittoresche», e i giornalisti realizzare la loro inchiesta annuale sugli harem e quelle che Pierre Loti ha chiamato «le disincantate».

Il secondo provvedimento di Mustafa Kemal è stato proibire ai funzionari di accettare mazzette.

Questa volta l'indignazione è arrivata al culmine. Come si poteva vivere in Turchia senza quella meravigliosa istituzione che è il bakchich? Allora tanto valeva non metterci più piede!

Prima, almeno, uno straniero con il portafogli ben imbottito poteva permettersi tutto, a-

vere tutto: concessioni, favoritismi, uomini, donne e bambini.
E invece Mustafa ha avuto un'idea diabolica: ha deciso che gli uffici dei funzionari dovevano essere aperti a tutti, a ogni ora del giorno, e che le pratiche dovevano essere trattate in pubblico.
Risultato: qualche anno più tardi lo stesso Mustafa ha detto, in tono bonario, amichevole:
«Al diavolo il re d'Inghilterra!».

Dal momento in cui un'imbarcazione – che sia un piroscafo, un mercantile o uno yacht – entra in un porto, appartiene, diciamo così, a un funzionario di tutto rispetto: il comandante di porto.
Un sindaco nel suo comune, un questore a Parigi, un re africano nella savana, un dittatore in un qualsiasi posto del mondo ha meno potere di un comandante di porto.
È lui a decidere se ormeggerete sul molo nord o su quello sud, se rimarrete ancorati nel bel mezzo del bacino o se dovrete restare a bagnomaria in rada per ore intere.
Se la cosa non vi sembra poi così degna di nota, pensate che certi moli, per esempio, non hanno bocchette d'acqua per fare riserva, che altri sono giusto accanto allo sbocco delle fogne, e che da certe zone del porto vi tocca

attraversare a piedi una palude per arrivare in città.
Per non parlare della questione carico e scarico, né della dogana che, per un mercantile, significa diverse migliaia di franchi al giorno.
E poiché navi di ogni nazionalità solcano i mari del mondo e fanno scalo un po' ovunque, e spesso gli unici abitanti del luogo con cui entrano in contatto i capitani di queste navi sono i comandanti di porto, capite bene quale sia l'importanza di questi ultimi per la reputazione di un paese.
Un esempio: quando, cinque anni fa, sono arrivato in un porto olandese con la mia barca, intenzionato a osservare i riti, a cui mi avevano iniziato altri funzionari, ho infilato con discrezione un biglietto da dieci fiorini in mano al mio interlocutore, che mi ha risposto gentilmente:
« *Nee, mijnheer, het is hier Holland!* ».
Che significa:
« No, signore, qui siamo in Olanda! ».
Quest'estate, in pieno Mediterraneo, la mancia me l'hanno letteralmente buttata in faccia, con molto garbo, e stavolta ero in Italia.
Quando vi parlavo dei turchi, non stavo facendo politica, e tanto meno la faccio adesso che vi parlo degli italiani. Nei porti in cui ho fatto scalo non mi è mai capitato di nominare Mussolini, e il fascismo non c'entra niente.
Voglio dire solo questo: nel paese che era per

eccellenza quello dell'accattonaggio ho provato a dare delle mance e le hanno sempre, sistematicamente, rifiutate! Tanta gente mi ha fatto dei piaceri e non ha preteso nulla in cambio.
Non ce l'ho con gli italiani, ma con alcuni comandanti di porto della Costa Azzurra che non trovano degradante affittare yacht, occuparsi della sorveglianza o della vendita delle barche o...
Vi racconto un aneddoto. Me l'ha riferito un comandante di porto pensando di impressionarmi.
«... Qualche settimana fa è approdato lo yacht del lord Tal dei tali» (il nome è quello di una nobilissima famiglia inglese). «Il lord è rimasto a bordo. Non ha ritenuto necessario incontrarmi di persona... (Insomma! Mi capisce...). Ma questo atteggiamento gli è costato caro, perché l'ho messo in uno dei posti più scomodi del porto, vicino alle gru, che cigolano tutto il giorno, e alla fine se n'è dovuto andare... Così impara».
Una sola cosa mi consola: la Costa Azzurra non è che una piccola parte della Francia, una minima particella del Mediterraneo.
E un'altra cosa è destinata a rinsaldare il mio bravo comandante di porto nelle sue convinzioni circa la dignità umana: da quando gli italiani non si fanno più comprare, nel loro

paese ci sono molti meno inglesi, americani e compagnia bella.
È proprio quello che dicevo poco fa: i turisti di quel genere vanno preferibilmente nei paesi in cui possono mettere i piedi sui sedili.
Ditemi voi, a che serve viaggiare se ci tocca essere beneducati come a casa nostra?
Forse ad Hammamet non ci sarebbero tanti pederasti se fosse proibito camminare a braccetto con un ragazzino baciandolo sulla bocca.
E forse non ci sarebbero tante dame inglesi e americane al Cairo se i direttori dei grandi alberghi non mettessero a loro disposizione dei domestici arabi eleganti come stalloni ma discreti come eunuchi.
Così funziona il commercio!
Vero è che nel frattempo i mariti di queste belle signore trafugano i tesori della Valle dei Re.
Come hanno trafugato i fregi del Partenone, i reperti degli Ittiti e i vasi etruschi in tutti i paesi che, in un certo momento della loro storia, hanno accettato di buon grado mance e calci nel sedere.
E ora per favore non venitemi a chiedere se i turchi sono più felici da quando Mustafa ha detto quel che ha detto agli inglesi, né se gli italiani mangiano meglio da quando l'accattonaggio è stato messo al bando.
Non lo so. Anzi...

A Smirne, per esempio, ho conosciuto degli alti funzionari ottomani che guadagnavano novecento franchi al mese. Erano vestiti in modo decoroso. Si comportavano con tutta la dignità del caso.

«Perché non ci sediamo a bere un bicchierino di raki, qui all'aperto?» ho proposto.

«No, ci perdoni, ma non è possibile, non saremmo in grado di ricambiare...».

Neanche all'epoca del bakchich sarebbero stati in grado di ricambiare, ma si sarebbero presi il bicchierino, la bottiglia e persino il mio portafogli.

Lo capite, voi, se sono più felici adesso?

E agli italiani, che passavano il tempo a cantare romanze napoletane e a chiamare Eccellenza gli stranieri, ora gli fanno costruire uffici postali, stazioni, municipi e intere città.

Tanto che le mie idee sulla storia e l'architettura sono entrate in crisi. Ho sempre creduto che tutti i grandi monumenti dell'antichità fossero stati costruiti in epoche di immensa prosperità.

Che sciocchezza! Quando gli affari vanno bene, non c'è tempo per intagliare il marmo, e le banche più solide sono quelle che hanno l'aspetto più dimesso: quando gli affari vanno bene, tutti sono affaccendati, e poco importa che l'ufficio postale sia sporco e puzzolente se uno ci va per riscuotere un mandato di diverse migliaia di franchi.

Quando gli affari vanno male e la gente non ha niente di meglio da fare, invece...
L'Italia ha i più begli uffici postali del mondo, le stazioni più belle e...
E poi in Italia ci sono tanti di quei bachi che prima o poi faranno indossare a poliziotti e militari delle uniformi di seta.
Quanto a dire se il popolo sia felice, non sono mica il Padreterno!

10

E così, forse un po' più di tre mesi fa, ho cominciato a scrivere il mio primo articolo, con la pretesa – ne sono convinto – di poter dare una definizione del Mediterraneo.
Se oggi qualcuno me la richiedesse, risponderei, un po' piccato: « Un campo di... golfi! ».
E non è una battuta. Il Mediterraneo è proprio un campo di golfi, se mi perdonate il gioco di parole. È l'espressione più precisa della verità così come mi appare mentre scrivo queste righe, nudo, in una cabina in cui regna un dolce tepore di quaranta gradi e la zanzariera non impedisce alle mosche di annegare nel mio sudore.
Di golfi ce ne sono ovunque, sulle coste del Mediterraneo, e io comincio a conoscerli intimamente, dopo averli a lungo considerati, come chiunque altro, semplici entità geografiche.
Visto che finora non ho ancora attinto alla mitologia, permettetemi di servirmene almeno una volta. Di certo conoscete la storia dei figli di Eolo, inviati dal padre un po' dappertutto sulle coste: bambinoni paffuti che, da

allora, non fanno altro che soffiare a pieni polmoni...
Sono passati diversi secoli, ma vi giuro che ci sono ancora, e mi sa che col passare del tempo sono cresciuti e si sono irrobustiti.
Ebbene, quando uno avvista la costa, che cos'è che cerca, per sbarcare? Un golfo. Ma ci sono i rampolli di Eolo, a volte anche due o tre in un solo golfo, piazzati in punti diversi.
E soffiano!
È da più di tre mesi, forse quattro – ho perso la nozione del tempo –, che i birbanti giocano a golf con la mia barca e io ormai non oppongo più alcuna resistenza.
Quando volevo raggiungere l'Italia, il vento che soffiava dal golfo di Genova cercava di sospingermi verso la Spagna. Un po' più a sud, il golfo di Napoli ha fatto di tutto per impedirmi di andare a Messina, sicché ora passo da un golfo all'altro, senza ostinarmi a volerne raggiungere uno in particolare.
Se pensate che stia esagerando, leggete i bollettini meteorologici: «Depressione sul golfo di Gabès»; «Burrasca sul golfo di Tunisi»; «Tempesta sul Golfo del Leone...».
Avevo fatto tanti bei progetti e tracciato sulla carta marittima un itinerario magnifico.
Ebbene, dall'Africa eccomi in Sardegna, e forse finirò alle Baleari, forse in Algeria, forse di nuovo a Genova.
In realtà non ha alcuna importanza. Innanzi-

tutto perché è ovunque la stessa cosa; poi perché, dopo un certo tempo, ti ritrovi in uno stato di beatitudine che somiglia ai postumi di una sbornia: senza la nausea, in una condizione piacevole e per giunta persistente.
Ti svegli di buon mattino. Sali sul ponte. Vedi un promontorio, ovvero una massa più o meno chiara che si staglia sul mare.
È l'ingresso del golfo di Genova o del golfo di Biserta o di un qualsiasi altro golfo.
Verso mezzogiorno il promontorio si è avvicinato, e allora pensi: « Che bello! Stasera ceno in città! ».
Sbagliato! Verso le quattro, il birbante di cui vi parlavo si diverte a soffiare sulle tue vele e la sera il promontorio ti sembra molto più lontano.
Di notte è più divertente, per via delle luci. Vedi il faro lampeggiare a venti miglia di distanza. Poi vedi brillare una fila di piccole luci, a indicare che sul molo punteggiato di bar con i tavolini all'aperto c'è gente in pantaloni bianchi che mangia gelati e ascolta musica.
Ti avvicini. Ti allontani. Alla fine ci arrivi.
... E trovi sempre gli stessi italiani, gli stessi greci, gli stessi ebrei e gli stessi francesi...
Quando non si riesce a entrare in un golfo, si fa scalo su un'isola, perché nel Mediterraneo spuntano isole un po' dappertutto.
Ed è sempre lo stesso spettacolo. Le isole sono montuose. Vette, quindi, più o meno brul-

le. Tra le vette, anguste valli dove crescono la vite, i pomodori, le melanzane, le pecore, i peperoni dolci, i fichi, i limoni, le olive e i cetrioli.
La barca entra in un'insenatura, si avvicina a un molo minuscolo dove altre barche a vela scaricano cemento o caricano vino. Qualche peschereccio; qualche ragazzino nudo che nuota intorno allo scafo; un bar dove si beve birra o vermut.
Se volete spingervi oltre, noleggiate un asino e, da qualche parte, in fondo a una gola, scoprite un altro paesino i cui abitanti si chiedono che cosa ci siete venuti a fare.
Golfi e isole! Questo è il Mediterraneo. Asini e pecore, peperoni e olive.
Senonché, capita che in un unico posto, a Siracusa per esempio, vi vengano mostrati, con aria sbadata, quattro o cinque diversi stadi di civiltà, se così si può dire: un tempio di Minerva che risale a prima di Fidia accanto a un anfiteatro romano internamente eroso da catacombe paleocristiane e sul quale si erge una chiesa bizantina.
Certo, a Washington, se vogliamo credere a quelli che ci sono stati, si possono ammirare, nuovi di zecca, ordinati e piazzati nella giusta prospettiva, tutti i monumenti dell'Antichità, a cominciare dal Partenone...
Ho appena letto – ed è imperdonabile che

abbia aspettato tanto – lo stupendo reportage di André Maurois sugli Stati Uniti.
Venendosi a sommare alla faccenda dei golfi, questa lettura spiega il mio malumore, perché, se paragonato alla solida America di cui Maurois ha tratteggiato i contorni in poche pagine, il mio Mediterraneo sembra di cartapesta.
Ma Maurois è andato a visitare un paese che ha delle idee, un paese in cui la mattina c'è gente che si mette intorno a un tavolo per trovare nuove idee come qui si aggiogano i buoi per andare a lavorare nei campi!
Un paese che ha una visione dell'economia, che crede, cioè, di poter mettere insieme, quasi fosse una squadra di calcio, una squadra di persone che dovranno codificare i rapporti tra gli uomini e tra i paesi...
Un paese in marcia verso il progresso, fermamente convinto, cioè, di star facendo qualcosa di nuovo, e che una qualsiasi macchina possa accrescere il benessere degli uomini...
Un paese... Insomma un paese su cui c'è qualcosa da dire!
Mentre la cosa migliore che puoi dire a qualcuno sul Mediterraneo è di rileggersi l'*Odissea.*
Ho appena visitato l'ennesimo paesino, perché abbiamo la mania di visitare tutto.
Bene, è un paesino! Che posso farci? Ci sono ex voto a ogni angolo di strada come un tem-

po c'erano altari dedicati alle divinità pagane. Un asino fa girare la ruota di un pozzo come faceva già ai tempi di Abramo, senza che al suo proprietario sia mai venuta la curiosità di studiare le statistiche sul rendimento comparato, in ettolitri d'acqua o in galloni, dei solipedi e delle pompe rotative.

Qui nessuno è ricco. Tutti i viaggiatori ve lo diranno con aria impietosita, perché non ce n'è uno che non abbia incontrato individui per i quali un franco è una grossa somma.

Però non devono prendere il metrò, né pagare il gas e nemmeno il biglietto del cinema. Mangiano pasta tutti i giorni, con i pomodori, i peperoni, a volte un po' di pesce o di agnello.

Dopodiché vanno a dormire...

André Maurois, che non conosco, ma che mi sembra dotato di un gelido sense of humour, conclude il suo studio sull'America chiedendosi se tanti sforzi hanno aggiunto alcunché alla somma o alla giusta ripartizione della felicità tra gli uomini.

Si chiede anche se le questioni di cui si interessano tante persone dedite allo studio dell'economia, delle leggi della domanda e dell'offerta, dei movimenti dell'oro e del suo valore di scambio, in altri termini se tutti questi problemi all'ordine del giorno avranno mai una soluzione diversa da quella imprevedibi-

le che verrà col tempo, quando ci penseremo di meno.
Non mi azzarderò a esprimere un'opinione, e nemmeno ad averne una: non sceglierò tra l'America e il Mediterraneo, che oggi sono agli antipodi.
Da un lato l'asino che fa girare la ruota del pozzo accanto alle rovine di un tempio greco, dall'altro le automobili che girano intorno a un Partenone nuovo di zecca edificato in una quarantina di giorni...
Da una parte sei uomini in maniche di camicia che giocano a bocce sulla piazza della chiesa, dall'altra cinquemila persone ammassate in un cinema refrigerato dove un organo odoroso rafforza olfattivamente l'illusione.
Invece di esprimere un'opinione, preferisco raccontare una storiella che a suo tempo non mi aveva colpito ma che oggi mi sembra esprimere la quintessenza della società, dell'economia e della poesia di tutto il Mediterraneo.
Mi trovavo sull'isola di Porquerolles, da dove sono partito per la mia crociera.
Laggiù c'è un vecchio, non so come si chiama, che vive da solo in una bicocca dove non fa entrare nessuno.
Lui la pensa così. Vuole starsene in pace a casa sua, punto e basta! E guai a chiedergli quanti anni ha. Anche su questo punto pensa che siano fatti suoi.

Sbirciando attraverso l'apertura che fa da finestra, ho intravisto in un angolo una specie di materasso, un camino che di sicuro non tira perché, quando il vecchio accende un fuoco di ramoscelli, la stanza si riempie di fumo, e poi una pentola e un bicchiere che non credo siano mai stati lavati.
D'inverno il vecchio assomiglia a tutti i vecchi vagabondi che ancora si aggirano per le strade di Francia: occhi scuri, barba inanellata come quella di un imperatore bizantino, non ancora completamente bianca; capelli che, verso aprile, raggiungono e superano il colletto della giacca.
Durante l'inverno, infatti, il vecchio non si prende cura del proprio aspetto. Lo si vede poco. Raccatta legna per qualche vicino, raccoglie porcini e spugnole che rivende per pochi spiccioli.
Ma poi arriva la bella stagione e, dall'oggi al domani, si assiste a una vera e propria trasformazione. Un bel mattino, d'estate, lo si vede arrivare in paese rasato di fresco, con i capelli tagliati cortissimi. Indossa solo un paio di pantaloni di tela, le espadrilles e una camicia scollata.
Pur non conoscendo la sua età, so per certo che ha superato la settantina.
Ciononostante, alle prime luci dell'alba raggiunge una cala, entra nell'acqua fino alle gi-

nocchia, fino alle cosce, e lavora per ore, chino sulla sabbia che smuove con un bastone.
Alla fine, terminato il lavoro, si toglie pantaloni e camicia, nuota per qualche minuto e poi si incammina di nuovo verso il paese.
Questa attività mi ha incuriosito. Ho chiesto informazioni agli abitanti del paese, prima di diventare io stesso cliente del vecchio.
E ora so che il suo mestiere consiste nel cercare esche per la pesca con la lenza e venderle.
Ora vedrete quanto è lontana l'America! Un'esca è un verme, un comune verme che vive sui fondali marini.
E, mettendo un verme su un amo all'estremità di una lenza e la lenza nell'acqua, in un punto favorevole, per una mezz'ora è possibile, se il cielo e il vento sono dalla nostra parte e se siamo abbastanza abili, prendere una donzella o un tordo pavone.
Una donzella è un pesce piccolo pieno di spine, come pure il tordo pavone che, per di più, ha la carne troppo molle.
Un chilo di donzelle, ben pagato, vale al massimo tre franchi e un chilo di tordi pavone non vale niente se non si ha anche qualche scorfano per fare una bouillabaisse.
Sicché voi pensate che quel povero vecchio che prende esche perché altri possano prendere donzelle e tordi pavone è davvero un povero cristo, e che la sua borsa resta sempre vuota.

Niente affatto! E questa è la mia risposta all'America. Ascoltatemi bene e ditemi se esagero. Il pover'uomo vende le esche a due franchi, anche a due franchi e cinquanta!
Con cento franchi di esche si possono prendere, in condizioni eccellenti, cinquanta donzelle, facciamo cinquantuno, facciamo due chili e non ne parliamo più, ovvero, ben pesati, sei franchi di pesce...
Eppure il vecchio non ha mai abbastanza vermi!... Ne pesca quaranta, cinquanta al giorno... D'estate è uno degli uomini più ricchi dell'isola...
Voi mi direte... Potreste dirmi, per esempio, che invece di pescare esche per prendere le donzelle, potrebbe mettersi a pescare direttamente le donzelle, il che sarebbe più logico...
Parlatene con quei signori di Washington o anche semplicemente di Londra o di Copenaghen, con chiunque appartenga a una razza a sangue freddo.
Razionalizzerà la pesca alle esche e alle donzelle. Capirà immediatamente che c'è uno spreco e, per rendere felice l'umanità, costringerà il vecchio a pescare le donzelle o lo sopprimerà...
Insomma, lo metterà in un ospizio... Qualcuno ci ha provato! Sono venute delle persone, piene di buona volontà e di carità cristiana, con l'intenzione di sistemarlo in una casa dove, insieme ad altri reietti della sua risma,

non avrebbe avuto più la minima preoccupazione fino alla fine dei suoi giorni...
A Porquerolles vi diranno come sono stati ricevuti, quei filantropi, e aggiungeranno che, se il vecchio avesse avuto una pistola...

I suoi clienti sono persone come voi e me, gente che, quando vede un pesce striare l'acqua con il suo riflesso argentato, prova una voglia folle di impossessarsene.
Vanno al mare per quindici giorni o per due mesi. Non hanno niente da fare. Comprano le esche dal vecchio e, per diverse ore, se ne stanno tranquilli e compunti, con la lenza in mano, come se all'amo fossero sospese le sorti del mondo.
Poniamo che non esistano le esche... Ci vorrebbero dei casinò... Ci vorrebbero dei cinema... Si parlerebbe di politica... Si giocherebbe alla roulette... O in borsa, come gli americani!
Si cercherebbero forse sistemi economici e strategie varie per fare soldi... Un uomo ingegnoso inventerebbe giochi da spiaggia in gomma, un altro piazzerebbe uno scivolo d'acqua...
Fallirebbero, ovviamente. Fallirebbero tutti, e il governo sarebbe costretto ad approntare dei piani d'emergenza per superare la crisi...
Si arriverebbe forse alla moneta d'argento, di piombo, di zinco...

In ogni caso, non si vedrebbe più l'allegro spettacolo dei bravi padri di famiglia soddisfatti per aver pescato sei franchi di donzelle con cento franchi di esche e non si sentirebbero più le mogli, supponenti e proterve, decretare:
« Se vuoi mangiare questo schifo di pesci, pulisciteli da solo! ».
Non si vedrebbero...
Credetemi, non si vedrebbe il Mediterraneo e forse ci sarebbero, anche da noi, Partenoni su tutte le spiagge, ma ancora più perfetti per via della concorrenza, con correnti d'aria artificiali per sollevare i vestiti delle signore, tapis roulant, altalene e autoscontri in grado di vorticare piacevolmente grazie alla provvidenziale invenzione dell'elettricità.
Il vecchio, nell'ospizio, berrebbe acqua sterilizzata da un bicchiere graduato, anziché bere succo d'uva in un bicchiere ingrommato come una pipa.
Ci sarebbero igiene, lottizzazione, agenti elettorali, truffe, grandi alberghi vuoti con piscine e gigolò disoccupati ...
Forse mi direte che in Costa Azzurra queste cose un po' ci sono, ma a guardarla dal largo la Costa Azzurra è ben poca cosa: poche migliaia di lucine, come una Magic-City o un luna park visti da un aereo...
Altrove ci sono le isole, ci sono i golfi e tutti i figli di Eolo che soffiano rabbiosamente sulle

piccole barche che, come la mia, pretendono di venire a ficcare il naso dove non sono state invitate.
Ci sono persone che vivono senza sapere di avere dei polmoni, che coltivano i loro campi senza conoscere le borse di Londra o di New York, che comprano asini senza preoccuparsi del loro rendimento in cavalli-vapore, che fabbricano vasi come al tempo dei Greci, senza sospettare di star creando dei capolavori, e che mettono al mondo figli senza chiedere al governo se non sia il caso di farsi sterilizzare.
Tutte queste cose forse un giorno gliele insegneremo...
Ma, per quanto mi riguarda, sono convinto che, quando scopre di fare della prosa senza saperlo, Monsieur Jourdain comincia a parlare male...

Arbatax, 1934

GLI ALBUM DI SIMENON

DI MATTEO CODIGNOLA

Georges Simenon non è mai stato un fotografo amatoriale, per almeno due ragioni.
La prima, e la più ovvia, è che la sola idea di un'attività priva di una qualche forma di rientro gli avrebbe strappato il sorrisetto tirato e non proprio benevolo che riservava alle *bêtises* così lampanti da risultargli incomprensibili. La seconda, meno nota, era il suo interesse tutt'altro che blando o episodico per la fotografia.
Fin dalla prima adolescenza – quel periodo che quasi tutti devolvono a controllare o assecondare la confusione ormonale, e che lui, essendosi chiarito per tempo a riguardo, attraversò inviando circa una corrispondenza al giorno alla « Gazette de Liège » – Simenon difficilmente usciva di casa senza portarsi dietro la macchina, che per il suo genere di cronache, di solito molto vicine alla nera, gli era per altro utilissima. E non si limitava a scattare. In una lettera a una fidanzata di quegli anni descrive infatti, con una certa eccitazione, le delizie della camera oscura, le virtù della carta Kodak, e il piacere quasi fisico ricavato dagli aspetti manuali del lavoro.

Negli anni di Parigi, poi, il gioco si fa serio. Molto.
Quando nel 1931 l'editore Haumont gli propone di trasformare alcuni suoi titoli in fotoromanzi, Simenon accetta a patto che delle immagini si occupi una sua amica, Germaine Krull, che è anche una delle fotografe più radicali e creative del periodo. La pretesa suona piuttosto eccentrica, dal momento che i fotoromanzi, che cominciavano a diffondersi, erano rivolti essenzialmente a un pubblico popolare, che coincideva in parte con quello di Simenon, ma molto meno con quello di Krull. In ogni caso, per rientrare dalle spese per Krull – e naturalmente per Simenon – Haumont avrebbe finito per risparmiare un po' troppo su carta e stampa. Così, nonostante il sontuoso book party in barcone organizzato dallo stesso Simenon, al quale si era presentata come sempre mezza Parigi, l'album, bruttino a vedersi e a tenersi in mano, non aveva colpito nessuno: e alla fine, anziché inaugurare trionfalmente una collana, rimase un flop clamoroso, e isolato.
Gli incidenti capitano, ma Simenon sapeva meglio di chiunque altro che il modo migliore per neutralizzarli è diversificare gli investimenti. Nello stesso anno, al momento di mettere in produzione i primi due Maigret, aveva imposto al suo editore, Fayard, una copertina fotografica a pagina piena.

Oggi sembrerebbe una scelta banale, ma nell'editoria francese di allora – dominata dal bianco Gallimard, e dal nobile culto delle copertine tipografiche – suonava sostanzialmente eretica. Simenon però non si era limitato a disegnare l'impianto, aveva anche passato all'editore i nomi cui avrebbe gradito venissero affidati gli scatti. Con la solita Krull, che avrebbe realizzato la copertina per *Il Crocevia delle Tre Vedove*, si andava quasi sul sicuro, ma su tipetti poco raccomandabili come Man Ray e Robert Doisneau non è che Fayard fosse poi felice di scommettere, anche perché non era così convinto che le avventure del commissario fossero destinate a un numero rassicurante di lettori. Tant'è, con Simenon la linea di minor resistenza risultava sempre la scelta più sensata, e Fayard aveva finito per sposarla. Non sapendo bene cosa lo aspettava, però. Se per la copertina di *Un delitto in Olanda* Man Ray si era limitato a fornire un negativo, per *Il cavallante della «Providence»* Doisneau aveva dovuto battere insieme a Simenon le zone meno raccomandabili di Parigi, alla ricerca di un clochard fotogenico e disponibile. A cosa? Che domande, a posare in studio, a fianco di un cavallo vero e contro un fondale dipinto. Alla fine aveva fatto quasi tutto Simenon, arrivando a sistemare cavallo e cavallante nell'inquadratura: a Doisneau non era rimasto che scattare, mentre Fayard – si immagina con quale entusiasmo – saldava i conti dello shooting.

E non era finita.
Nell'estate di quello stesso 1931, poco dopo il lancio della *Pazza di Itteville*, la rivista «Voilà» propone a Simenon di tornare nella Francia dei canali che nel 1928 aveva esplorato sull'*Ostrogoth* – il barchino che si era fatto costruire e di cui andava fierissimo –, e poi raccontato in un grande reportage. Solo che stavolta avrebbe dovuto procedere via terra, caricandosi sulla Chrysler, oltre a Tigy e alla Boule (moglie e – ufficialmente – collaboratrice domestica), un fotografo professionista ceco allora piuttosto noto, Hans Oplatka. Stando alla testimonianza di Tigy, i duetti tra Simenon e Oplatka devono essere stati il pezzo forte del viaggio: ogni volta che il disgraziato si incantava davanti a una pietra romanica, studiando come restituirla nel bianco e nero della casa, l'altro lo tirava (non metaforicamente) per la giacca, invitandolo a puntare l'obiettivo su oggetti, se permetteva, un po' più interessanti: le chiatte, le chiuse, i bistrot lungo i canali. E, naturalmente, sulla varia umanità che frequentava quegli angoli dimenticati dell'immensa campagna francese.

Le gag in sé si possono solo immaginare, ma illuminano un punto decisivo, e per altro non particolarmente oscuro: benché affascinato dalla fotografia in ogni suo aspetto, Simenon ne considerava soprattutto gli usi pratici: sempre, e in particolare durante quelle apparenti escursioni, che in realtà nella sua testa erano essenzialmente sopralluoghi per i romanzi a venire. Come vedrete via via, molto spesso le foto scattate da Simenon durante la sua intensa stagione di viaggi – con un mestiere sorprendentemente solido, e in parte rubato proprio a Oplatka in quell'estate del '31 – anticipano nei dettagli personaggi e scene che, anche a distanza di anni, si ritrovano nei romanzi. Spesso, e qui il gioco dei raffronti si fa piuttosto divertente, con variazioni minime.

In un ultimo senso, Simenon non era un amatore. Tornato a casa, a differenza degli amatori, non trafficava con forbici e colla per classificare i ricordi, e poi eventualmente infliggerli al prossimo. Difficile immaginarlo la sera con un album sulle ginocchia, e infatti degli album arrivati fino a noi si è verosimilmente occupata Tigy. Che era una curatrice meticolosa, ma laconica. I provini allineati sulle pagine dei sette grossi volumi sono in rigoroso ordine cronologico, e danno un'idea piuttosto precisa dell'andamento e anche dell'atmosfera del viaggio. Quella della crociera mediterranea, ad esempio, è decisamente allegra: persino la navigazione e la vita di bordo, che di solito coincidono con vaste plaghe di noia, devono avere avuto, a giudicare dalle immagini, i loro momenti. Ma a parte i numeri di serie, e l'indicazione alquanto sommaria dei luoghi in cui ci troviamo (Sanremo, Malta, Tunisia), non ci sono informazioni di alcun genere: non il nome di un soggetto, ad esempio, né un commento alla circostanza. Il che ci ha sconsigliato di azzardare didascalie, e suggerito invece di proporvi alcune delle immagini così come le vedreste – dimensioni comprese – sfogliando gli album.

Dove è stato possibile, abbiamo accostato le immagini al passo del testo che descrive la stessa scena, o lo stesso soggetto. Non tanto per uno scrupolo di fedeltà, ma per dimostrare dal vivo quello che si diceva più sopra, cioè come per Simenon la fotografia fosse una prosecuzione della scrittura con altri mezzi – o, naturalmente, viceversa. E tuttavia, in questi scatti c'è anche qualcos'altro, di ancora più interessante. Qualcosa che è andato perduto un giorno del 1946, quando uno sconosciuto, in un luogo imprecisato degli Stati Uniti, aprì l'auto di Simenon, portandosi via la Leica comprata quindici anni prima su sug-

gerimento di Oplatka, e con la quale erano state scattate tutte le foto che avete visto, così come quelle che vedrete. Da quel giorno in poi di quel qualcosa – che poi era semplicemente uno sguardo molto preciso, e inconfondibile – non esistono altre testimonianze dirette. Con uno degli scarti d'umore che erano un tratto decisivo del suo carattere, e che quasi sempre rifiutava di spiegare, Simenon rinunciò a sostituire la macchina.
Continuò a pensare con gli occhi, questo sì, e nel 1950 progettò insieme a un giovanissimo fotografo, Nicolas Yantchevsky, le copertine per l'intera serie dei Maigret in uscita da un nuovo editore, Presses de la Cité. Ma non li accostò più, almeno che si sappia, a un mirino.

PICCOLA BIBLIOTECA ADELPHI

ULTIMI VOLUMI PUBBLICATI:

480. Johannes Urzidil, *Di qui passa Kafka*
481. James Hillman, *L'anima del mondo e il pensiero del cuore*
482. Charles Simic, *Hotel Insonnia*
483. Ernst Weiss, *Jarmila*
484. Czesław Miłosz, *Il cagnolino lungo la strada*
485. Elémire Zolla, *Discesa all'Ade e resurrezione*
486. Evelyn Waugh, *Compassione*
487. Carl Schmitt, *Terra e mare*
488. Benedetto Croce, *Dal libro dei pensieri*
489. Tim Judah, *Guerra al buio*
490. Leonardo Sciascia, *I pugnalatori*
491. Alan Bennett, *La signora nel furgone*
492. Gershom Scholem, *I segreti della creazione*
493. Ennio Flaiano, *Autobiografia del Blu di Prussia*
494. Gerald Durrell, *Io e i lemuri*
495. Arthur Schopenhauer, *L'arte di conoscere se stessi*
496. Sholem Aleykhem, *Un consiglio avveduto*
497. W. Somerset Maugham, *Pioggia*
498. Martin Heidegger, *Il nichilismo europeo*
499. William Faulkner, *Privacy*
500. Roberto Calasso, *Cento lettere a uno sconosciuto*
501. Claude Debussy, *Il signor Croche antidilettante*
502. Leonardo Sciascia, *L'adorabile Stendhal*
503. Tommaso Landolfi, *Se non la realtà*
504. *La trappola della giumenta*, a cura di Wendy Doniger
505. Sholem Aleykhem, *Cantico dei Cantici*
506. Inoue Yasushi, *Il fucile da caccia*
507. Ennio Flaiano, *Le ombre bianche*
508. Tim Judah, *Saddam e le Sugababes*
509. Stefan Zweig, *Amok*
510. Constantinos Kavafis, *Un'ombra fuggitiva di piacere*
511. Franz Kafka, *Aforismi di Zürau*
512. Richard P. Feynman, *Sei pezzi meno facili*
513. Manlio Sgalambro, *De mundo pessimo*
514. Leonardo Sciascia, *Il teatro della memoria · La sentenza memorabile*
515. Ferdinando Tartaglia, *Esercizi di verbo*

516. Robert Walser, *Ritratti di scrittori*
517. Tommaso Landolfi, *Il principe infelice*
518. Nathaniel Hawthorne, *Venti giorni con Julian*
519. Tullio Pericoli, *La casa ideale di Robert Louis Stevenson*
520. E.M. Cioran, *Un apolide metafisico*
521. Friedrich Nietzsche, *Frammenti postumi, I*
522. Friedrich Nietzsche, *Frammenti postumi, II*
523. Giorgio Manganelli, *La favola pitagorica*
524. Charles Simic, *Il cacciatore di immagini*
525. Paolo Castaldi, *In nome del padre*
526. Guido Ceronetti, *La lanterna del filosofo*
527. Irène Némirovsky, *Il ballo*
528. Alberto Manguel, *Con Borges*
529. Carl Schmitt, *Teoria del partigiano*
530. Roberto Calasso, *La follia che viene dalle Ninfe*
531. Friedrich Nietzsche, *Frammenti postumi, III*
532. Cesare Garboli, *Il «Dom Juan» di Molière*
533. Willa Cather, *La nipote di Flaubert*
534. Isaiah Berlin, *La libertà e i suoi traditori*
535. Friedrich Nietzsche, *Frammenti postumi, IV*
536. Alberto Arbasino, *Dall'Ellade a Bisanzio*
537. Haniel Long, *La meravigliosa avventura di Cabeza de Vaca*
538. Benedetto Croce, *Un paradiso abitato da diavoli*
539. Paul Valéry, *Cattivi pensieri*
540. Giorgio Manganelli, *L'isola pianeta e altri settentrioni*
541. Eudocia Augusta, *Storia di san Cipriano*
542. Arthur Schopenhauer, *L'arte di invecchiare*
543. Pseudo Meister Eckhart, *Diventare Dio*
544. Rosa Matteucci, *Cuore di mamma*
545. Ennio Flaiano, *Una e una notte*
546. Willa Cather, *Il mio mortale nemico*
547. Inoue Yasushi, *Amore*
548. Tommaso Landolfi, *In società*
549. Giorgio Colli, *Platone politico*
550. Giorgio Manganelli, *Mammifero italiano*
551. Goffredo Parise, *Guerre politiche*
552. Manlio Sgalambro, *La conoscenza del peggio*
553. Mordecai Richler, *Un mondo di cospiratori*
554. Sholem Aleykhem, *Storie di uomini e animali*
555. Shirley Jackson, *La lotteria*

556. Arthur Schopenhauer, *Il mio Oriente*
557. Lodovico Terzi, *L'autonecrologia di Jonathan Swift*
558. René Guénon, *Il demiurgo e altri saggi*
559. Alberto Savinio, *La nascita di Venere*
560. Yoko Ogawa, *L'anulare*
561. Stefan Zweig, *Bruciante segreto*
562. Irène Némirovsky, *Come le mosche d'autunno*
563. Robert Walser, *Storie che danno da pensare*
564. Nicolás Gómez Dávila, *Tra poche parole*
565. Alberto Arbasino, *L'Ingegnere in blu*
566. Paul Valéry, *L'idea fissa*
567. Goffredo Parise, *L'eleganza è frigida*
568. Ernst Jünger, *Visita a Godenholm*
569. Friedrich Nietzsche, *Lettere da Torino*
570. S.Y. Agnon, *Nel fiore degli anni*
571. Ferdinando Tartaglia, *La religione del cuore*
572. Alexander Lernet-Holenia, *Il venti di luglio*
573. Matteo Codignola, *Un tentativo di balena*
574. Jamaica Kincaid, *Lucy*
575. Charles Simic, *Club Midnight*
576. Irène Némirovsky, *Il calore del sangue*
577. Giorgio Manganelli, *Vita di Samuel Johnson*
578. Jorge Luis Borges, *La moneta di ferro*
579. Gustav Theodor Fechner, *Nanna o L'anima delle piante*
580. Dante Isella, *Un anno degno di essere vissuto*
581. Wilhelm Waiblinger, *Friedrich Hölderlin. Vita, poesia e follia*
582. Yoko Ogawa, *Una perfetta stanza di ospedale*
583. Goffredo Parise, *Lontano*
584. Giorgio Colli, *Filosofi sovrumani*
585. Friedrich Nietzsche, *Frammenti postumi, V*
586. Guido Ceronetti, *Insetti senza frontiere*
587. D.H. Lawrence, *Classici americani*
588. Manlio Sgalambro, *Del delitto*
589. Leonardo Sciascia, *Fatti diversi di storia letteraria e civile*
590. Thomas Bernhard, *I miei premi*
591. Irène Némirovsky, *L'affare Kurilov*
592. Stefan Zweig, *Lettera di una sconosciuta*
593. Martin Heidegger, *Identità e differenza*
594. Madame de Duras, *Ourika*

595. Benedetto Croce, *Una famiglia di patrioti*
596. James Hillman, *Il suicidio e l'anima*
597. William S. Burroughs - Allen Ginsberg, *Le lettere dello yage*
598. Jorge Luis Borges, *Fervore di Buenos Aires*
599. Joseph Roth, *Fragole*
600. Denise Epstein, *Sopravvivere e vivere*
601. V.S. Naipaul, *Scrittori di uno scrittore*
602. Carlo Michelstaedter, *La melodia del giovane divino*
603. Hermann Broch, *Hofmannsthal e il suo tempo*
604. Anna Maria Ortese, *Mistero doloroso*
605. Irène Némirovsky, *Il malinteso*
606. Ennio Flaiano, *Lo spettatore addormentato*
607. Giorgio Colli, *Apollineo e dionisiaco*
608. Stefan Zweig, *Storia di una caduta*
609. Joseph Roth, *Il secondo amore*
610. Muḥammad Dārā Šikōh, *La congiunzione dei due oceani*
611. Jamaica Kincaid, *In fondo al fiume*
612. René Guénon, *I princìpi del calcolo infinitesimale*
613. Alberto Savinio, *Tutta la vita*
614. Jorge Luis Borges - Adolfo Bioy Casares, *Libro del cielo e dell'inferno*
615. Ananda K. Coomaraswamy, *La danza di Śiva*
616. Ingeborg Bachmann, *Diario di guerra*
617. Yasmina Reza, *Il dio del massacro*
618. Robert Walser, *Ritratti di pittori*
619. Anna Maria Ortese, *Da Moby Dick all'Orsa Bianca*
620. W.H. Auden, *Grazie, Nebbia*
621. Curzio Malaparte, *Tecnica del colpo di Stato*
622. Stefan Zweig, *Paura*
623. Fëdor Tjutčev, *Poesie*
624. Franco Volpi, *La selvaggia chiarezza*
625. Alan Bennett, *Gli studenti di storia*
626. Porfirio, *Sui simulacri*
627. Giuseppe Gioachino Belli, *Sonetti erotici e meditativi*
628. Roberto Bolaño, *Chiamate telefoniche*
629. Franz Cumont, *Lo Zodiaco*
630. Charles Simic, *Il mostro ama il suo labirinto*
631. Manlio Sgalambro, *Della misantropia*
632. Henri Michaux, *Passaggi*

633. Elvio Fachinelli, *Su Freud*
634. Guido Ceronetti, *Poemi del Gineceo*
635. John Maynard Keynes, *Le mie prime convinzioni*
636. Stefan Zweig, *Notte fantastica*
637. Wisława Szymborska, *Basta così*
638. Friedrich Nietzsche, *Il servizio divino dei Greci*
639. Thomas Bernhard, *Goethe muore*
640. Massimo Cacciari, *Il potere che frena*
641. Vasugupta, *Gli aforismi di Śiva*
642. Roberto Calasso, *L'impronta dell'editore*
643. Edgardo Franzosini, *Sotto il nome del Cardinale*
644. S.Y. Agnon, *Nel cuore dei mari*
645. Giorgio Pasquali, *Storia dello spirito tedesco nelle memorie d'un contemporaneo*
646. John McPhee, *Tennis*
647. Muriel Spark, *Bang bang sei morta*
648. Czesław Miłosz, *La testimonianza della poesia*
649. Carlo Emilio Gadda, *Un gomitolo di concause*
650. Gérard de Nerval, *La regina di Saba*
651. Friedrich Hebbel, *Giudizio Universale con pause*
652. Jorge Luis Borges, *La rosa profonda*
653. Gustav Theodor Fechner, *Il libretto della vita dopo la morte*
654. F. González-Crussí, *Organi vitali*
655. Alfred Brendel, *Abbecedario di un pianista*
656. Tullio Pericoli, *Pensieri della mano*
657. Friedrich Dürrenmatt, *La panne*
658. Alan Bennett, *Il vizio dell'arte*
659. Tanizaki Jun'ichirō, *Sulla maestria*
660. Antoine Compagnon, *Un'estate con Montaigne*
661. René Guénon, *Autorità spirituale e potere temporale*
662. Jorge Luis Borges - María Esther Vázquez, *Letterature germaniche medioevali*
663. Lady Mary Wortley Montagu, *Cara bambina*
664. Ennio Flaiano, *Il gioco e il massacro*
665. Cesare Garboli, *Tartufo*
666. Carlo Rovelli, *Sette brevi lezioni di fisica*
667. Danilo Kiš, *Il liuto e le cicatrici*
668. Joseph Conrad, *Un avamposto del progresso*
669. Alan Bennett, *Gente*
670. Elias Canetti, *Aforismi per Marie-Louise*

671. Ivan Bunin, *A proposito di Čechov*
672. Joseph Roth, *L'avventuriera di Montecarlo*
673. L.E.J. Brouwer, *Vita, arte e mistica*
674. Marella Agnelli, *La Signora Gocà*
675. Carlo Emilio Gadda - Goffredo Parise, *«Se mi vede Cecchi, sono fritto»*
676. Guido Ceronetti, *Tragico tascabile*
677. I.J. Singer, *Sender Prager*
678. Hugo von Hofmannsthal, *Le nozze di Sobeide · Il Cavaliere della Rosa*
679. Jorge Luis Borges, *Libro di sogni*
680. Edgardo Franzosini, *Questa vita tuttavia mi pesa molto*
681. Hervé Clerc, *Le cose come sono*
682. Geminello Alvi, *Eccentrici*
683. Louis-Ferdinand Céline, *Lettere alle amiche*
684. Robert Walser, *Sulle donne*
685. René Guénon, *Oriente e Occidente*
686. Henry James, *La lezione del Maestro*
687. Hermann Broch, *Il racconto della serva Zerlina*
688. Anna Maria Ortese, *Le Piccole Persone*
689. James Hillman, *Presenze animali*
690. Wisława Szymborska, *Come vivere in modo più confortevole*
691. Giorgio Manganelli, *Estrosità rigorose di un consulente editoriale*
692. Oliver Sacks, *Gratitudine*
693. Francisco Rico, *I venerdì del Petrarca*
694. Jorge Luis Borges, *L'idioma degli argentini*
695. Ferenc Karinthy, *Tempi felici*
696. Paolo Zellini, *La matematica degli dèi e gli algoritmi degli uomini*
697. Marcel Jouhandeau, *Il cadavere rapito*
698. Alberto Ventura, *L'esoterismo islamico*
699. G.K. Chesterton, *L'età vittoriana nella letteratura*
700. Alexander Pope, *I bassifondi della poesia*
701. Curzio Malaparte, *Maledetti toscani*
702. Osip Mandel'štam, *Quasi leggera morte*
703. Tommaso Landolfi, *Racconti impossibili*
704. Friedrich Dürrenmatt, *La guerra invernale nel Tibet*
705. Carlo Rovelli, *L'ordine del tempo*
706. Robert Walser, *Seeland*

707. Guido Ceronetti, *Messia*
708. Ettore Sottsass, *Per qualcuno può essere lo spazio*
709. E.M. Cioran, *Antologia del ritratto*
710. Sergio Tofano, *Il teatro all'antica italiana*
711. Alfredo Giuliani, *Il giovane Max*
712. Wisława Szymborska, *Amore a prima vista*
713. Kawabata Yasunari, *La danzatrice di Izu*
714. Antonino Liberale, *Le metamorfosi*
715. Leonardo Sciascia, *Il metodo di Maigret*
716. Thomas Bernhard, *Camminare*
717. Simone Weil - André Weil, *L'arte della matematica*
718. Paolo Zellini, *La dittatura del calcolo*
719. Lafcadio Hearn, *Ombre giapponesi*
720. Tommaso Landolfi, *A caso*
721. Fëdor Dostoevskij, *La mite*
722. Henry Miller, *Giorni tranquilli a Clichy*
723. Hervé Clerc, *A Dio per la parete nord*
724. Orazio, *Odi*
725. Robert Walser, *Commedia*
726. W. Somerset Maugham, *Lo spirito errabondo*
727. Arthur Cravan, *Grande trampoliere smarrito*
728. Yasmina Reza, *«Arte»*
729. Rachel Bespaloff, *Sull'Iliade*
730. *La Rivoluzione sconosciuta*, a cura di Guido Ceronetti
731. Herman Hesse, *Viaggio a Norimberga*
732. Theodore F. Powys, *La gamba sinistra*
733. Marina Cvetaeva, *Sonečka*
734. Sándor Márai, *Il macellaio*
735. Tullio Pericoli, *Incroci*
736. Ettore Sottsass, *Molto difficile da dire*
737. Jorge Luis Borges, *Il tango*
738. Alberto Savinio, *Souvenirs*
739. Han Kang, *Convalescenza*
740. Georges Simenon, *Il Mediterraneo in barca*
741. Pierre Klossowski, *Nietzsche, il politeismo e la parodia*
742. Ennio Flaiano, *L'occhiale indiscreto*
743. Yasmina Reza, *Bella figura*
744. Tommaso Landolfi, *Del meno*
745. Walpola Rahula, *L'insegnamento del Buddha*
746. Giorgio Colli, *Empedocle*
747. Giorgio de Santillana - Hertha von Dechend, *Sirio*

748. Terry Rudolph, *Quanti*
749. Pavel Florenskij, *La prospettiva rovesciata*
750. Roberto Calasso, *Come ordinare una biblioteca*
751. Massimo Cacciari, *Il lavoro dello spirito*
752. Thomas Bernhard, *Midland a Stilfs*
753. Rainer Maria Rilke, *Del paesaggio e altri scritti*
754. Pierre Michon, *La Grande Beune*
755. Jorge Luis Borges - Adolfo Bioy Casares, *Racconti brevi e straordinari*
756. Carlo Rovelli, *Helgoland*
757. Alberto Arbasino, *Grazie per le magnifiche rose*
758. Georges Simenon, *Europa 33*
759. Leonardo Sciascia, *«Questo non è un racconto»*
760. Walter F. Otto, *Teofania*
761. Yasmina Reza, *Anne-Marie la Beltà*
762. Tullio Pericoli, *Arte a parte*
763. Friedrich Dürrenmatt, *Minotauro*
764. Osip Mandel'štam, *Conversazione su Dante*
765. Roberto Calasso, *Allucinazioni americane*
766. Thomas Bernhard, *Ungenach*
767. Roberto Calasso, *Bobi*
768. Roberto Calasso, *Memè Scianca*
769. Carlo Emilio Gadda, *I Luigi di Francia*
770. Roberto Calasso, *Ciò che si trova solo in Baudelaire*
771. Ettore Sottsass, *Di chi sono le case vuote?*
772. Leonardo Sciascia, *Fuoco all'anima*

Stampato da Jona Srl, Paderno Dugnano (MI)